# DU PRÊTRE,

## DE LA FEMME,

## DE LA FAMILLE.

Imprimerie de Ducessois, 55, quai des Augustins.

# DU PRÊTRE,

# DE LA FEMME,

## DE LA FAMILLE;

PAR

J. MICHELET

DEUXIÈME ÉDITION.

PARIS

COMPTOIR DES IMPRIMEURS-UNIS

QUAI MALAQUAIS, 15.

HACHETTE, RUE PIERRE-SARRAZIN, 12.

PAULIN, RUE RICHELIEU, 60.

1845

Cette seconde édition, publiée dix jours après la première, y est conforme, sauf une addition à la note de la page 229.

Il s'agit de la famille ;

De l'asile où nous voudrions tous, après tant d'efforts inutiles et d'illusions perdues, pouvoir reposer notre cœur. Nous revenons bien las au foyer... Y trouvons-nous le repos ?

Il ne faut point dissimuler, mais s'avouer franchement les choses comme elles sont : Il y a dans la famille un grave dissentiment, et le plus grave de tous.

Nous pouvons parler à nos mères, à nos femmes, à nos filles, des sujets dont nous parlons aux indifférents, d'affaires, de nouvelles du jour, nullement des choses qui touchent le cœur et la vie morale, des choses éternelles, de religion, de l'âme, de Dieu.

Prenez le moment où l'on aimerait à se recueillir avec les siens dans une pensée commune, au repos du soir, à la table de famille; là, chez vous, à votre foyer, hasardez-vous à dire un mot de ces choses. Votre mère secoue tristement la tête; votre femme contredit; votre fille, tout en se taisant, désapprouve... Elles sont d'un côté de la table; vous de l'autre, et seul.

On dirait qu'au milieu d'elles, en face de vous, siége un homme invisible, pour contredire ce que vous direz.

---

Comment nous étonnerions-nous de cet état de la famille? Nos femmes et nos filles sont élevées, gouvernées, *par nos ennemis*.

Ce mot me coûte à dire, pour diverses raisons (je les dirai à la fin du volume); mais je n'ai pas passé ma vie à la recherche de la vérité, pour l'immoler aujourd'hui à mes sentiments personnels.

*Ennemis de l'esprit moderne,* de la liberté et de l'avenir. Il ne sert de rien de citer tel prédicateur, tel sermon démocratique. Une voix pour parler liberté, cinquante mille pour parler contre... Qui croit-on tromper par cette tactique grossière?

*Nos ennemis,* je le répète, dans un sens plus direct, étant les envieux naturels du mariage et de la vie de famille. Ceci, je le sais bien, est leur faute encore moins que leur malheur. Un vieux système mort, qui fonctionne mécaniquement, ne peut vouloir que des morts. La vie pourtant réclame en eux, ils sentent cruellement qu'ils sont privés de la famille, et ne s'en consolent qu'en troublant la nôtre.

—

Ce qui perdra ce système, c'est la force apparente qu'il a tirée récemment de son unité, et la confiance insensée qu'elle lui donne.

Unité morale? association réelle des âmes? nullement. Dans un corps mort, tout élément, si vous le laissez à lui-même, s'éloignerait volontiers; mais cela n'empêche pas qu'avec des cadres de fer on ne puisse serrer un corps mort, mieux qu'un corps vivant, en faire une masse compacte, et cette masse, la lancer.

L'esprit de mort, appelons-le de son vrai nom, le jésuitisme, autrefois neutralisé par la vie diverse des ordres, des corporations, des partis religieux, est l'esprit commun que le clergé reçoit maintenant par une éducation spéciale, et que ses chefs ne font pas difficulté d'avouer. Un évêque a dit : « Nous sommes jésuites, tous jésuites. » Aucun ne l'a démenti.

La plupart cependant ont moins de franchise; le jésuitisme agit puissamment par ceux qu'on lui croit étrangers, par les sulpiciens qui élèvent le clergé, par les ignorantins qui élèvent le peuple, par les lazaristes qui dirigent six mille Sœurs de charité, ont la main dans les hôpitaux, les écoles, les bureaux de bienfaisance, etc.

Tant d'établissements, tant d'argent, tant de chaires pour parler haut, tant de confessionnaux pour parler bas, l'éducation de deux cent mille garçons[1], de six cent mille filles, la direction de plusieurs millions de femmes, voilà une grande machine. L'unité qu'elle a aujourd'hui pouvait, ce semble, alarmer l'État. Loin de là, l'État, en défendant l'association aux laïques, l'a encouragée chez les ecclésiastiques. Il les a laissés prendre près des classes pauvres la plus dangereuse initiative : réunion d'ouvriers, maisons d'apprentis, associations de domestiques qui rendent compte aux prêtres, etc., etc.

L'unité d'action, et le monopole de l'association, certes, ce sont deux grandes forces.

Eh bien! avec tout cela, chose étrange,

[1] On ne trouvera pas un seul mot dans ce volume sur l'étrange question qui s'est élevée, de savoir si ceux qui ont les filles auraient aussi les fils, s'ils ajouteraient encore à leur monstrueux monopole, si la France confierait ses enfants aux sujets d'un prince étranger... J'ai foi au bon sens des Chambres.

le clergé est faible. Il y paraîtra demain, dès qu'il n'aura plus l'appui de l'État. Il y paraît dès aujourd'hui.

Armés de ces armes et de celle encore d'une presse active qu'ils y ont jointe nouvellement, travaillant en dessous les salons, les journaux, les Chambres, ils n'ont point avancé d'un pas.

Pourquoi n'avancez-vous point?... Si vous voulez cesser un moment de crier et gesticuler, je vais vous le dire. Vous êtes nombreux et bruyants, vous êtes forts de mille moyens matériels, d'argent, de crédit, d'intrigue, de toutes les armes du monde... Vous n'êtes faibles qu'en Dieu!

Ne vous récriez pas ici. Raisonnons plutôt; essayons, si vous êtes des hommes, de voir ensemble ce que c'est que religion. Hommes spirituels, vous ne la mettez pas apparemment tout entière dans les choses matérielles, dans l'eau bénite et l'encens. Dieu doit être pour vous, comme pour nous, le Dieu de l'esprit, de la vérité, de la charité.

*Le Dieu du Vrai* s'est révélé en ces deux

siècles, plus qu'il ne l'avait fait dans les dix siècles précédents. Par qui cette révélation s'est-elle accomplie? Non par vous, mais par ceux que vous appelez laïques, et qui ont été les prêtres du Vrai. Vous ne pouvez montrer aucune des grandes découvertes, aucun des travaux durables qui restent sur la voie de la science.

*Le Dieu de la charité,* de l'équité, de l'humanité, nous a permis de substituer un droit humain au droit cruel du moyen âge. Vous en maintenez la barbarie[1]. Ce droit exclusif ne supprimait la contradiction qu'en tuant le contradicteur. Le nôtre admet les différences; des tons divers il fait l'harmonie; il ne veut pas que l'ennemi meure, mais qu'il devienne ami, qu'il vive... — « Sauvez les vaincus[2], » dit Henri IV après la bataille d'Ivri. — « Tuez tout, » dit le pape Pie V, aux soldats qu'il envoie en France avant la Saint-Barthélemi .

[1] Voir, entre autres, les faits cités aux p. 249-250.

[2] Non-seulement les Français, mais les Suisses. *Discours véritable,* publié en 1590 (Mém. de la Ligue, IV, 246).

[3] En 1569. Il se plaignit, dit le panégyriste, de son général: « Che

Votre principe est le vieux principe exclusif et homicide, qui tue ce qui le contredit. Vous parlez fort de charité; elle n'est pas difficile, lorsqu'on a soin, comme vous faites, d'en excepter l'ennemi.

Le Dieu, qui a apparu de nos jours dans la lumière des sciences, dans la douceur des mœurs et dans l'équité des lois, pourquoi le méconnaissez-vous?

C'est là que vous êtes faibles, parce que là vous êtes impies; une chose vous manque entre toutes, qui est la religion.

Ce qui fait la gravité de ce temps, j'ose dire sa sainteté, c'est le travail consciencieux, qui avance sans distraction l'œuvre commune de l'humanité et facilite à ses dépens le travail de l'avenir. Nos aïeux ont rêvé beaucoup, disputé beaucoup. Nous, nous sommes des travailleurs, et voilà pourquoi notre sillon a été béni. Le sol que le moyen âge nous laissa encore plein de ronces, il a produit par nos efforts une si puissante

non avesse il *commendamento* di lui osservato d'AMMAZZAR SUBITO *qualunque heretico* gli fosse venuto alle mani.» Catena, *Vita di Pio V*, p. 85 (éd. de Rome), et p. 55 (éd. de Mantoue).

moisson, qu'elle enveloppe déjà et va cacher tout-à-l'heure la vieille borne inerte qui crut arrêter la charrue.

Et c'est parce que nous sommes des travailleurs, parce que nous revenons fatigués tous les soirs, que nous avons besoin, plus que d'autres, du repos du cœur. Il faut que ce foyer soit vraiment notre foyer, et cette table notre table, et que nous ne trouvions pas, pour repos chez nous, la vieille dispute qui est finie dans la science et dans le monde, que notre femme ou notre enfant ne nous dise pas sur l'oreiller une leçon apprise et les paroles d'un autre homme.

Les femmes suivent volontiers les forts. Comment se fait-il donc ici qu'elles aient suivi les faibles?

Il faut bien qu'il y ait un art pour prêter la force aux faibles. Cet art ténébreux, qui est celui de surprendre la volonté, de la fasciner, de l'assoupir, de l'anéantir, je l'ai cherché dans ce volume. Le dix-septième siècle en eut la théorie; le nôtre en continue la pratique.

Usurpation ne fait pas droit. Ceux-ci, pour une usurpation furtive, ne sont ni plus forts ni meilleurs. Le cœur seul et la raison donnent droit au fort près du faible, non certes pour l'affaiblir, mais bien pour le fortifier.

L'homme moderne, l'homme de l'avenir, ne cédera pas la femme aux influences de l'homme du passé. La *direction* de celui-ci, c'est, comme on va le voir, un mariage, plus puissant que l'autre; mariage spirituel... Mais qui a l'esprit, a tout.

Épouser celle dont un autre a l'âme, jeune homme, souviens-t'en, c'est épouser le divorce.

Cela ne peut aller ainsi. Il faut que le mariage redevienne le mariage, que le mari s'associe la femme, dans sa route d'idées et de progrès, plus intimement qu'il n'a fait jusqu'ici, qu'il la soulève, si elle est lasse, qu'il l'aide à marcher du même pas. L'homme n'est pas innocent de ce qu'il souffre aujourd'hui, il faut aussi qu'il s'accuse. Dans ce temps de concurrence ardente et d'âpres recherches, impatient chaque jour d'avancer vers l'avenir, il a laissé la femme en arrière. Il s'est précipité en avant, et elle, elle a reculé... Que cela n'arrive plus. Voyons, reprenez-vous la main. N'entendez-vous pas que votre enfant pleure?... Le passé et l'avenir, vous l'alliez chercher dans des routes différentes, mais il est ici; vous trouverez l'un et l'autre tout ensemble au berceau de cet enfant!

10 janvier 1845.

*Mon cours de 1844 paraîtra bientôt sous ce titre :* Rome et France.

*Le sujet du volume qu'on va lire, indiqué dans deux ou trois de mes leçons, n'a pu y être traité. Il est de nature trop intime.*

*Il présentait une difficulté grave, celle de parler avec convenance d'une matière où nos adversaires ont fait preuve d'une incroyable liberté.* Omnia munda mundis, *je le sais bien. Cependant j'ai mieux aimé souvent les laisser échapper quand je les tenais, que de les suivre dans les marais et la vase.*

Première partie. De la Direction au dix-septième siècle. *J'ai pris mes preuves historiques chez les plus purs et les meilleurs de mes adversaires, non chez ceux qui me donnaient plus de prise. Le dix-septième siècle était celui où je pouvais trouver des témoignages écrits; c'est le seul qui n'ait pas craint de mettre en pleine lumière la théorie de la direction.*

*Je pouvais multiplier les citations à l'infini. Ceux qui viennent de lire l'Histoire de Louis XI savent le prix que j'attache à la vérité minutieuse du détail. J'ai cité peu, exactement, et soigneusement vérifié. Les falsificateurs que nous prenons en flagrant délit à chaque pas de nos études historiques, sont bien hardis de parler d'exactitude. Ils peuvent dire à leur aise; ils ne réussiront jamais à nous faire mettre en face de leurs noms des noms connus pour la loyauté.*

Seconde partie. De la Direction en général, et spécialement au dix-neuvième siècle. *Une sérieuse enquête sur les faits contemporains m'a donné cette seconde partie pour résultat. J'ai vu, écouté, interrogé; j'ai pesé les témoignages, et les ai rapprochés d'un grand nombre de faits analogues que je savais depuis longtemps. Ces faits plus anciens, et cette enquête nouvelle, j'ai tout contrôlé devant le jury intérieur que je porte en moi.*

Troisième partie. De la Famille. *Je n'ai eu nullement la prétention de traiter ce vaste sujet. Je voulais indiquer seulement ce que le mariage et la famille sont dans leur vérité, et comment le foyer, ébranlé par une influence étrangère, peut se raffermir.*

*J'ai cru devoir finir par un mot à mes adversaires. J'ai écrit sans haine. Je dirai volontiers (tout au rebours du païen) : « O mes ennemis, il n'y a pas d'ennemis. » — Si ce livre, sévère pour les prêtres, avait quelque effet dans l'avenir, ce sont eux surtout qu'il aurait servis. Plusieurs d'entre eux en ont jugé ainsi, et ils n'ont pas fait difficulté de répondre à nos questions... Oui, puisse ce livre, tout faible qu'il est, avancer l'époque où le prêtre, redevenu homme, libre d'un système artificiel (absurde, impossible aujourd'hui), rentrera dans la nature, et prendra sa place au milieu de nous.*

# PREMIÈRE PARTIE.

## DE LA DIRECTION AU DIX-SEPTIÈME SIÈCLE

# PREMIÈRE PARTIE.

## DE LA DIRECTION AU DIX-SEPTIÈME SIÈCLE.

## CHAPITRE I.

Réaction dévote de 1600. Influence des jésuites sur les femmes et les enfants. — La Savoie, les Vaudois ; violence et douceur. Saint François de Sales.

Tout le monde a vu au Louvre le gracieux tableau du Guide qui représente l'Annonciation. Le dessin est incorrect, la couleur fausse, et pourtant l'effet séduisant. N'y cherchez pas la conscience, l'austérité des vieilles écoles[1] ; vous n'y trouveriez pas davantage la main jeune et forte des maîtres de la Renaissance. Le sei-

[1] Comparer au musée du Louvre les Annonciations de Giusto di Alamagna, de Lucas de Leyde, et de Vasari.

zième siècle a déjà passé, et tout a molli. La figure où le peintre s'est évidemment complu, l'ange, selon les raffinements de cette époque blasée, est un mignon enfant de chœur, un chérubin de sacristie. Il a seize ans, la Vierge dix-huit ou vingt. Cette Vierge, nullement idéale, toute réelle, et d'une réalité faible, n'est qu'une jeune demoiselle italienne que le Guide a prise chez elle, dans son petit oratoire, et sur un prie-Dieu commode, tel que les dames en avaient.

Si le peintre s'est inspiré d'autre chose, ce n'est pas de l'Évangile, mais bien plutôt des romans dévots de l'époque, ou des sermons à la mode que débitaient les jésuites dans leurs coquettes églises. La *Salutation angélique*, la *Visitation*, l'*Annonciation*, étaient le sujet chéri sur lequel on avait dès longtemps épuisé toutes les imaginations de la galanterie séraphique. En voyant ce tableau du Guide, on croit lire le Bernardino; l'ange parle latin comme un docte jeune clerc; la Vierge, en demoiselle bien élevée, répond dans son doux italien. ( « *O alto signore*, etc. » )

Ce joli tableau est de conséquence comme œuvre caractéristique d'une époque déjà mauvaise, œuvre agréable et délicate, qui n'en fait que mieux sentir la grâce suspecte, le charme équivoque.

Rappelons-nous les formes doucereuses que prit la réaction dévote de ce temps, qui est celui d'Henri IV. On est tout étonné, le lendemain du seizième siècle, après les guerres et les massacres, d'entendre partout glapir cette douce petite voix... Les terribles prêcheurs des Seize, les moines qui portaient le mousquet aux processions de la Ligue, s'humanisent tout à coup; les voilà devenus bénins. C'est qu'il faut bien essayer d'endormir ceux qu'on n'a pas pu tuer. L'entreprise, au reste, n'était pas si difficile. Tout le monde avait sommeil après cette grande fatigue des guerres de religion; chacun était excédé d'une lutte sans résultat, où personne n'était vainqueur; chacun connaissait trop bien son parti et ses amis. Le soir d'une si longue marche, il n'était si bon marcheur qui n'eût envie de reposer; l'infatigable Béarnais, s'endormant comme les autres, ou voulant les endormir, leur donnait l'exemple, et se remettait de bonne grâce aux mains du père Cotton et de Gabrielle.

Henri IV est le grand-père de Louis XIV, Cotton le grand-oncle du P. La Chaise : deux royautés, deux dynasties, celle des rois, celle des confesseurs jésuites. L'histoire de celle-ci serait fort intéressante. Ils régnèrent pendant tout le siècle, ces aimables pères, à force d'absoudre, de pardonner, de fermer les yeux, d'ignorer; ils allèrent aux grands résultats par les plus petits moyens, par les petites capitulations, les secrètes transactions, les portes de derrière, les escaliers dérobés.

Les jésuites avaient à dire que, restaurateurs obligés de l'autorité papale, c'est-à-dire médecins d'un mort, ils ne pouvaient guère choisir les moyens. Battus sans retour dans le monde des idées, où pouvaient-ils reprendre la guerre, sinon dans le champ de l'intrigue, de la passion, des faiblesses humaines?

Là, personne ne pouvait les servir plus activement que les femmes. Quand elles n'agirent pas avec les jésuites et pour eux, elles ne leur furent pas moins utiles indirectement, comme instrument et moyen, comme objet de transactions et de compromis journaliers entre le pénitent et le confesseur.

La tactique du confesseur ne différait pas beaucoup de celle de la maîtresse. Son adresse, à lui comme à elle, c'était de refuser parfois, d'ajourner et de faire languir, de sévir, mais mollement, puis enfin de s'attendrir, par trop grande bonté de cœur... Ce petit manége, infaillible près d'un roi galant et dévot, obligé d'ailleurs de communier à jours fixes, mit souvent l'État tout entier dans le confessionnal. Le roi pris et tenu là, il fallait qu'il satisfît, de manière ou d'autre. Il payait ses faiblesses d'homme par des faiblesses politiques; tel amour lui coûtait un secret d'État, tel bâtard une ordonnance. Parfois, on ne le tenait pas quitte à moins de donner des gages; pour garder telle maîtresse, par exemple, il lui fallait livrer son fils. Combien le P. Cotton en passa-t-il à Henri IV pour obtenir de lui l'éducation du Dauphin[1] !

Dans cette grande entreprise de saisir partout l'homme au moyen de la femme, et par la femme l'enfant, les jésuites rencontraient plus d'un obstacle, un surtout bien grave : leur réputation de jésuites. Ils étaient déjà beaucoup trop connus. On peut lire dans les lettres de saint Charles Borromée, qui les avait établis à Milan et singulièrement favorisés, les caractères qu'il leur donne :

[1] Le chef-d'œuvre du jésuite fut de faire nommer précepteur l'homme le plus léger de France, le poëte-berger Des Yveteaux, en se réservant l'éducation morale et religieuse.

intrigants, brouillons, insolents sous formes rampantes. Leurs pénitents même, qui les trouvaient fort commodes, ne laissaient pas par moments d'en prendre dégoût. Les plus simples voyaient bien que des gens qui trouvaient toute opinion *probable* n'en avaient aucune. Ces fameux champions de la foi, en morale étaient des sceptiques ; moins encore que des sceptiques, car le scepticisme spéculatif pourrait laisser quelque sentiment d'honneur, mais un douteur en pratique, qui sur tel acte dit *oui*, et *oui* sur l'acte contraire, doit aller baissant toujours de moralité, et perdre non-seulement tout principe, mais, à la longue, le cœur !

Leur mine seule était leur satire. Ces gens, si habiles à s'envelopper, suaient le mensonge ; il était tout autour d'eux, visible et palpable. Comme un laiton mal doré, comme les saints joujoux de leurs églises pimpantes, ils luisaient faux à cent pas : faux d'expression, d'accent, faux de geste et d'attitude, maniérés, exagérés, souvent mobiles à l'excès. Cette mobilité amusait, mais elle mettait en garde. Ils pouvaient bien apprendre une attitude, un maintien ; mais les grâces apprises, les allures savamment obliques, onduleuses et serpentines, ne sont rien moins que rassurantes. Ils travaillaient à se faire simples, humbles, petits, bonnes gens... La grimace les trahissait.

Ces gens à mine équivoque avaient pourtant près des femmes un mérite qui rachetait tout, ils aimaient fort les enfants. Il n'y avait pas de mère, de grand'mère, ni de nourrice qui les flattât davantage, qui trouvât mieux, pour les faire rire, le petit mot caressant. Dans les églises de jésuites, les bons saints de la Société, saint Xavier ou saint Ignace, sont peints souvent en nourrices grotesques, tenant dans leurs bras, berçant et baisant le divin poupon[1]. C'est aussi sur leurs autels, dans leurs chapelles parées, qu'on a commencé de faire ces petits paradis sous verre, où les femmes aiment à voir l'enfant de cire couché dans les fleurs. Les jésuites aimaient tant les enfants, qu'ils auraient voulu les élever tous. Nul d'entre eux, si savant qu'il fût, ne dédaignait d'être régent, d'enseigner la grammaire et d'apprendre à décliner.

Cependant il y avait bien des gens, de leurs amis même, de leurs pénitents, de ceux qui leur

[1] C'est le mot qu'on trouve à chaque page de saint François de Sales, et autres écrivains de l'époque.

confiaient leur âme, qui pourtant hésitaient à leur confier leurs fils.

Ils auraient bien moins réussi auprès des enfants et des femmes, si leur bonheur ne leur eût donné pour auxiliaire un grand enfant, fin et sage, qui justement avait tout ce qui leur manquait pour inspirer confiance, une charmante simplicité.

Cet ami des jésuites, qui les servit d'autant mieux qu'il ne se fit pas jésuite, créa naïvement, au profit de ces politiques, ce qu'ils auraient cherché toujours, le genre, le ton, le vrai style de la dévotion aisée. Le faux ne prendrait jamais l'ombre de vie qu'il peut prendre, s'il n'avait eu un moment vrai.

Avant de parler de François de Sales, je dois dire un mot du théâtre où il agit.

Le grand effort de la réaction ultramontaine, vers 1600, était aux Alpes, en Suisse, en Savoie. On travaillait fortement sur les deux pentes; seulement on y employait des moyens tout autres : on montrait des deux côtés deux visages différents, face d'ange et face de bête; celle-ci, de bête féroce, dans le Piémont, contre les pauvres Vaudois. En Savoie et vers Genève, on se faisait ange, ne pouvant guère employer que la douceur contre des populations que les traités garantissaient, et qui auraient été couvertes contre la violence par les lances de la Suisse.

L'agent de Rome, en ces quartiers, fut le célèbre jésuite Antonio Possevino [1], le professeur, l'érudit, le diplomate, le confesseur des rois du Nord. Il organisa lui-même les persécutions contre les Vaudois du Piémont, et il forma, dirigea son élève, François de Sales, à gagner par adresse les protestants de Savoie.

Cette terrible histoire des Vaudois, dois-je en parler ou m'en taire? En parler? elle est trop cruelle; personne ne la racontera sans que la plume n'hésite, et que l'encre, en écrivant, ne blanchisse de larmes [2]. Si pourtant je n'en dis rien, on ne sentira jamais le plus odieux du système, l'artificieuse politique qui fit employer des moyens tout opposés en des questions semblables : ici la férocité, là une étrange douceur.

[1] Voyez sa Vie, par Dorigny, p. 505; Bonneville, Vie de saint François, p. 19, etc.

[2] Lisez la trilogie des grands historiens vaudois : Gilles, Léger, Arnaud. — Joignez-y la carte précieuse et l'admirable description du pays, qu'on trouve au t. 1er de l'Histoire de M. Muston. Quand je reçus chez moi avec tant d'intérêt ce fils des martyrs, j'étais loin de croire que son livre plein de modération, d'oubli, de pardon, lui coûterait sa patrie.

Un seul mot, et j'en serai quitte. Les bourreaux les plus cruels furent des femmes, les pénitentes des jésuites de Turin; les victimes furent des enfants! Au seizième siècle, on les détruisait: il y eut quatre cents enfants de brûlés en une fois dans une caverne; au dix-septième, on les volait. L'édit de pacification, accordé aux Vaudois en 1655, promet pour grâce singulière qu'on n'enlèvera plus leurs enfants âgés de moins de douze ans; au-dessus de cet âge, il est permis de les prendre[1].

Ce nouveau genre de persécutions, plus cruel que les massacres, caractérise l'époque où les jésuites entreprirent de s'emparer partout de l'éducation des enfants. Ces *plagiaires*[2] impitoyables, qui les enlevaient à leurs mères, ne voulaient autre chose que les élever à leur guise, leur faire abjurer leur foi, leur faire haïr leur famille, les armer contre les leurs.

Ce fut, comme je l'ai dit, un professeur jésuite, Possevino, qui renouvela la persécution

[1] L'édit porte qu'aucun Vaudois ne pourra être forcé de se faire catholique: « N'ei figliuoli potranno esser tolti alli loro parenti, mentre che sono in età minore, cioe li maschi di dodici, e le femine di dieci anni. »

[2] *Plagiarius*, au sens propre, signifie, comme on sait, *voleur d'hommes*.

vers le temps qui nous occupe. Le même, enseignant à Padoue, eut pour élève le jeune François de Sales, qui déjà avait passé un an à Paris, au collége de Clermont[1]. Il était d'une de ces familles de Savoie, très-militaires, très-dévotes, qui pendant si longtemps ont fait la guerre à Genève. Pour la guerre de séduction qu'on voulait commencer alors, il avait toutes les armes : dévotion tendre et sincère, parole vive et chaude, charme singulier de bonté, de beauté, de gentillesse. Ce charme, qui ne l'a senti dans le sourire des enfants de Savoie, naïfs, mais si avisés?

Toute la grâce du ciel avait plu sur celui-ci, il faut bien le croire, puisque avec ce mauvais temps, ce mauvais goût, ce mauvais parti, parmi le monde fin et faux qui l'exploita, il resta pourtant saint François de Sales. Tout ce qu'il a dit ou écrit, sans être irréprochable, est char-

[1] Le beau portrait de Sainte-Beuve, que tout le monde a lu, me permet d'omettre une foule de détails. Seulement, j'ai cru devoir indiquer avec précision l'influence que les jésuites exercèrent sur le saint, et la façon dont ils l'exploitèrent. Voyez les biographes ; le capucin Bonneville, le feuillant Jean de Saint-François, le minime La Rivière, le jésuite Talon, Longueterre, l'évêque Maupas du Tour, et surtout les lettres du saint ; j'ai eu constamment sous les yeux l'édition de 1833.

mant, plein de cœur, d'une gentillesse originale, d'enfant de génie, qui, tout en faisant sourire, n'attendrit pas moins. Partout ce sont de vives sources qui jaillissent, des fleurs et des fleurs, de petits ruisseaux qui courent, comme par une jolie matinée de printemps après la pluie. Il y a peut-être à dire qu'il s'amuse tant aux fleurettes, que souvent ce n'est plus bouquet de bergère, mais bouquet de bouquetière, comme dirait sa Philothée ; il les prend toutes, il en prend trop ; il y en a, dans le nombre, de couleurs mal assorties et baroques. C'est le goût du temps, il faut l'avouer ; le goût savoyard en particulier ne craint pas le laid; une éducation de jésuite ne fait pas haïr le faux.

Mais quand même il n'eût pas été un si charmant écrivain, l'attrait singulier qui était en sa personne n'eût pas moins agi. Sa blonde et douce figure, qui fut toujours un peu enfantine, ravissait au premier regard; les petits enfants, sur les bras de leurs nourrices, ne pouvaient, dès qu'ils l'avaient vu, en ôter les yeux. Lui, il les aimait fort aussi; il leur passait volontiers la main sur leur petite tête. « Voilà mon petit ménage, disait-il, voilà mon petit ménage. » Les enfants allaient après lui, les mères suivaient les enfants.

Petit ménage? petit manége? parfois l'un ressemble à l'autre. Enfant d'apparence, au fond le bonhomme était très-fin. S'il permet aux religieuses tel et tel petit mensonge [1], faut-il croire qu'il se les soit refusés toujours à lui-même?... Quoi qu'il en soit, le vrai mensonge fut moins dans ses paroles que dans sa position; il fut évêque pour donner l'exemple d'immoler au pape les droits des évêques. Pour l'amour de la paix, pour couvrir les divisions des catholiques d'une apparente union, il rendit aux jésuites le service essentiel de sauver leur Molina accusé à Rome; il obtint que le pape imposât silence aux amis et aux ennemis de la Grâce.

Cet homme, de nature si douce, ne s'en tint pas cependant aux moyens de douceur et de persuation. Dans son zèle de convertisseur, il appela au secours des moyens moins honorables, l'intérêt, l'argent, les places, enfin l'autorité, la peur; il fit aller le duc de Savoie de village en village, et lui conseilla enfin de chasser les derniers qui refusaient d'abjurer leur foi [2].

[1] Petits mensonges, petites ruses, petits détours. Voyez, par exemple, OEuvres, t. VIII, p. 196, 223, 342.

[2] Nouvelles lettres inédites, publiées par M. Datta, 1835, t. I p. 247. Voir aussi sur l'intolérance de saint François, les p. 130-131,

L'argent, très-puissant dans ce pays pauvre, lui semblait un moyen si naturel et tellement irrésistible, qu'il alla jusque dans Genève marchander le vieux Théodore de Bèze, et lui offrit de la part du pape quatre mille écus de pension.

C'est un spectacle de le voir, évêque et prince titulaire de Genève, tourner autour de la ville, en faire le siége, organiser contre elle, par la Savoie, par la France, une guerre de séduction. L'argent, l'intrigue n'y suffisaient pas. Il fallait un charme plus doux pour amollir et fondre cet inabordable glacier de logique et de critique. Des couvents de femmes furent fondés, pour attirer, recevoir *les nouvelles converties*, pour leur offrir une amorce puissante d'amour et de mysticisme. Ils sont restés célèbres par les noms de Mme de Chantal et de Mme Guyon. La première y commença les molles dévotions de la Visitation; la seconde y écrivit son petit livre des *Torrents*, qui semble inspiré des Charmettes, de Meillerie, de Clarens, comme la *Julie* de Rousseau, moins dangereuse à coup sûr.

136, 141, et t. IX des OEuvres, p. 335, l'obligation pour les rois de frapper du glaive tous les ennemis du pape.

## CHAPITRE II.

Saint François de Sales et M$^{me}$ de Chantal. Visitation. — Quiétisme. Résultats de la direction dévote.

Saint François de Sales était fort populaire en France, et surtout dans les Bourgognes, qui gardaient depuis la Ligue un puissant levain de passions religieuses. Le parlement de Dijon le pria d'y venir prêcher. Il fut reçu par son ami André Frémiot, qui, d'abord conseiller au Parlement, était devenu archevêque de Bourges. Fils d'un président fort estimé à Dijon, il était frère de M$^{me}$ de Chantal, et par conséquent grand-oncle de M$^{me}$ de Sévigné, petite-fille de celle-ci[1].

[1] Voyez les biographes de M$^{me}$ de Chantal (le jésuite Fichet, l'évêque Maupas), et surtout ses lettres, malheureusement incomplètes, 3 vol. in-12, 1753.

Les biographes de saint François et de M$^{me}$ de Chantal, pour rendre la rencontre romanesque et merveilleuse, supposent, avec peu de vraisemblance, qu'ils ne se connaissaient point, qu'ils avaient à peine entendu parler l'un de l'autre ; ils s'étaient vus seulement dans leurs songes ou leurs visions. Au carême que le saint prêcha à Dijon, il la remarqua entre toutes les dames, et, descendant de la chaire : « Quelle est donc, dit-il, cette jeune veuve qui écoutait si attentivement la parole de Dieu ? — C'est ma sœur, dit l'archevêque, la baronne de Chantal. »

Elle avait alors (en 1604) trente-deux ans ; saint François en avait trente-sept. Elle était née par conséquent en 1572, l'année de la Saint-Barthélemi. Elle apporta en naissant quelque chose d'austère, mais de passionné, de violent. Elle n'avait que six ans ; un gentilhomme huguenot lui donne des bonbons, et elle les jette au feu. « Monsieur, voilà comme les hérétiques brûleront en enfer, parce qu'ils ne croient pas ce que Notre-Seigneur a dit. Si vous donniez un démenti au Roi, mon papa vous feroit pendre ; qu'est-ce donc de donner tant de démentis à Notre-Seigneur ! »

Avec toute sa dévotion et sa passion, c'était

un esprit positif. Elle avait très-bien gouverné la maison et la fortune de son mari. Elle administra sagement celles de son père et de son beau-père. Elle demeurait chez ce dernier, qui autrement n'eût pas laissé son bien aux jeunes enfants de Mme de Chantal.

C'est un enchantement de lire les vives et charmantes lettres par lesquellès s'ouvre la correspondance de saint François de Sales avec « sa chère sœur et sa chère fille. » Rien de plus pur, de plus chaste, mais aussi, pourquoi ne le dirions-nous pas? rien de plus ardent. Il est curieux d'observer l'art innocent, les caresses, les tendres et ingénieuses flatteries dont il enveloppe les deux familles de Frémiot et de Chantal; le père d'abord, le bon président Frémiot, qui, dans sa bibliothèque, commence à faire de pieuses lectures et songe au salut; le frère ensuite, l'ex-conseiller, archevêque de Bourges; il écrit tout exprès pour lui un petit traité sur la manière de prêcher. Il ne néglige nullement le beau-père, le rude baron de Chantal, vieux débris des guerres de la Ligue, qui est la croix de sa belle-fille. Mais de tous, les petits enfants sont ceux auxquels il fait le mieux sa cour; il a pour eux mille tendresses, mille caresses pieuses, telles qu'un cœur de femme, de mère, les eût à peine trouvées. Il prie pour eux, et il veut que ces petits le mettent dans leurs prières.

Une seule personne est difficile à apprivoiser dans cette maison, le confesseur de Mme de Chantal. Il faut apprendre dans cette lutte du directeur contre le confesseur, tout ce qu'il peut y avoir d'adresse, de ménagements habiles, de ruse, dans une ardente volonté. Ce confesseur était un dévot personnage, mais borné, de petit esprit, de petites pratiques. Le saint veut être son ami; il soumet d'avance à ses lumières les conseils qu'il pourra donner. Il rassure habilement Mme de Chantal, qui n'était pas sans scrupule sur son infidélité spirituelle, et qui, se sentant sur une pente si douce, craignait d'avoir abandonné la rude voie du salut. Il ménage ce scrupule pour mieux le lever; doit-elle l'avouer au confesseur, il lui fait entendre finement qu'elle peut s'en dispenser.

Il déclare en vrai vainqueur qui n'a rien à craindre, qu'à la différence de l'autre, inquiet, chagrin, jaloux, qui veut être seul obéi, lui, il ne l'oblige à rien, il la laisse tout à fait libre. Nulle obligation, sinon celle de l'amitié chrétienne, dont le lien est appelé par saint Paul le lien de perfection. Tous les autres liens sont temporels, même celui de l'obéissance; mais celui de la charité croît avec le temps; il est exempt du tranchant de la mort, *La dilection est forte comme la mort,* dit le Cantique des Cantiques, Il lui dit ailleurs avec beaucoup de naïveté et d'élévation : « Je n'ajoute pas un seul brin à la vérité ; je parle devant le Dieu de mon cœur et du vôtre ; chaque affection a sa particulière différence d'avec les autres; celle que je vous ai, a une certaine particularité qui me console infiniment, et, pour tout dire, qui m'est extrêmement profitable. *Je n'en voulois pas tant dire,* mais un mot tire l'autre, et puis je pense que vous le ménagerez bien » (14 oct. 1604).

Dès ce moment, l'ayant toujours présente devant les yeux, il l'associe non-seulement à sa pensée religieuse, mais, ce qui étonne, aux actes même du prêtre. C'est généralement avant ou après la messe qu'il lui écrit; c'est à elle, à ses enfants, qu'il pense, dit-il, *au moment de la communion.* Ils font pénitence aux mêmes jours, communient ensemble, quoique séparés; *il l'offre à Dieu, lorsqu'il lui offre son fils*[1] :

[1] « Je vous donne, et votre cœur de veuve, et vos enfants, tous les

Cet homme rare, en qui une telle union n'altéra jamais un moment la sérénité, put s'apercevoir bientôt que l'âme de M^me de Chantal était loin d'être aussi paisible. C'était une nature forte, un cœur profond. Le peuple, la bourgeoisie, les sérieuses familles de robe dont elle sortait, apportaient au monde un esprit plus âpre, mais plus sincère et plus vrai, que les races élégantes et nobles, usées au seizième siècle. Les derniers venus étaient neufs; vous les trouvez partout, ardents, sérieux, dans les lettres, dans la guerre, dans la religion; ils donnent au dix-septième tout ce qu'il eut de grave et de saint. Celle-ci, pour être une sainte, n'en avait pas moins des abîmes de passion inconnue.

Ils s'étaient quittés depuis deux mois à peine, lorsqu'elle lui écrivit qu'elle voulait le revoir. Et en effet, ils se réunirent à moitié chemin, en Franche-Comté, au célèbre pèlerinage de Saint-Claude. Là elle fut heureuse, là elle versa tout son cœur, se confessa à lui pour la première fois, et fit entre ses mains le vœu si doux

jours à notre Seigneur, en lui offrant son Fils » (1er novembre 1605). — « Le Seigneur sait si j'ai communié sans vous, dès mon départ de votre ville » (21 novembre 1604). OEuvres, t. VIII, p. 311, 272, etc.

à déposer en des mains aimées, vœu d'obéissance.

Six semaines ne sont pas passées ; elle lui écrit qu'elle voudrait le voir encore. Ce n'est plus qu'orages en elle, que tentations ; elle est entourée de ténèbres, de doutes, *même sur la foi;* elle n'a plus de force pour vouloir ; elle voudrait voler, hélas ! elle n'a pas d'ailes !... Et au milieu de ces choses grandes et tristes, cette grave personne semble un peu enfant ; elle aurait envie qu'il ne la nommât plus *Madame*, mais ma sœur, ma fille, comme il l'appelait quelquefois.

Ailleurs elle dit cette parole sombre : « Il y a quelque chose en moi qui n'a jamais été satisfait » (21 nov. 1604).

La conduite du saint mérite d'être observée. Cet homme, si fin ailleurs, ne veut entendre ici qu'à moitié. Loin d'attirer Mme de Chantal à la vie religieuse qui l'eût mise dans sa main, il essaye de la raffermir dans sa place de mère, de fille, près de ses enfants, près de deux vieillards dont elle est la mère aussi. Il l'occupe de ses devoirs, de ses affaires, de ses dettes à payer. Pour ses doutes, il n'y faut pas réfléchir, ni raisonner. Elle lira parfois de bons livres ; comme tels, il lui conseille quelques mauvais traités mystiques. Si l'*ânesse* regimbe (il désigne ainsi la chair, la sensualité), on peut la *flatter* de quelques coups de discipline.

Il paraît avoir très-bien senti à cette époque que les rapprochements entre deux personnes si unies de cœur n'étaient pas sans inconvénient. Aux prières de M^me^ de Chantal, il répond avec prudence ; « Je suis lié ici pieds et mains ; et pour vous, ma bonne sœur, l'incommodité du voyage passé ne vous étonne-t-elle pas? » Ceci est écrit en octobre, à la veille d'une saison assez rude dans le Jura et aux Alpes : « Nous verrons entre ci et Pâques. »

Elle alla à cette époque le voir chez sa mère ; puis, se retrouvant seule à Dijon, elle devint fort malade. Occupé de controverse à cette époque, il semblait la négliger. Il écrivait de moins en moins, éprouvant sans doute le besoin d'enrayer dans cette route rapide. Pour elle, toute cette année (1605) se passe violemment entre les tentations et les doutes ; elle ne sait plus à la fin si elle ne va pas s'enterrer aux Carmélites, ou bien se remarier.

Un grand mouvement religieux se faisait alors en France, mouvement peu spontané, très-prémédité, très-artificiel, mais pourtant immense dans les résultats, Les riches et puissantes familles de robe et de finance, par zèle, par vanité y donnaient l'impulsion. A côté de l'Oratoire, fondé par le cardinal de Bérulle, une femme singulièrement active et ardente, une sainte engagée dans toute l'intrigue dévote, Mme Acarie (la bienheureuse Marie de l'Incarnation) établissait les Carmélites en France, les Ursulines à Paris. L'austérité passionnée de Mme de Chantal la poussait aux Carmélites; elle consultait parfois un de leurs supérieurs, docteur de Sorbonne[1]. Saint François de Sales sentit le péril, et il n'essaya plus de lutter. Il accepta dès lors Mme de Chantal. Dans une lettre charmante, il lui donne, au nom de sa mère, sa jeune sœur à élever.

Il semble que, tant qu'elle eut ce cher gage, elle fut un peu plus tranquille ; mais elle le perdit bientôt. Cette enfant, tant aimée et tant soignée, mourut chez elle dans ses bras. Elle ne peut cacher au saint, dans l'excès de sa douleur, qu'elle a demandé à Dieu de mourir plutôt; elle a été jusqu'à le prier de prendre à la place un de ses enfants!

[1] Cf. Saint François, OEuvres, VIII, 336, avril 1606; et Tabaraud, Vie de Bérulle, I, 57, 58, 95, 141.

Ceci eut lieu en novembre (1607). C'est trois mois après que nous trouvons dans les lettres du saint la première idée de rapprocher enfin de lui une personne si éprouvée, et qui lui semblait d'ailleurs un instrument des desseins de Dieu.

La vivacité extrême, j'allais dire la violence avec laquelle Mme de Chantal rompit tout pour suivre une impulsion donnée avec tant de réserve, n'indique que trop tout ce qu'il y avait de passion dans ce cœur ardent. C'était une grande difficulté de laisser là ces deux vieillards, son père, son beau-père, son fils même, qui, dit-on, se coucha sur le seuil de la porte pour l'empêcher de passer. Le bon vieux M. Frémiot fut gagné moins par sa fille que par les lettres du saint qu'elle fit intervenir. Nous avons encore la lettre résignée, mais toute trempée de larmes, où il donne son consentement ; cette résignation, au reste, ne semble avoir guère duré. Il mourut un an après.

Voilà donc qu'elle a passé sur son fils et sur son père ; elle arrive à Annecy... Que serait-il advenu si le saint n'eût trouvé un aliment à cette puissante flamme qu'il avait trop allumée, plus qu'il ne voulait lui-même?

Le lendemain de la Pentecôte, il l'appelle après la messe : « Eh bien, ma fille, je suis résolu de ce que je veux faire de vous. — Et moi, résolue de vous obéir. » Et elle se jeta à genoux. « Il faut entrer dans Sainte Claire. — Me voici toute prête, dit-elle. — Non, vous n'êtes pas assez robuste ; il faut être sœur dans l'hôpital de Beaune. — Tout ce qu'il vous plaira. — Ce n'est pas encore ce que je veux ; soyez Carmélite. » Il l'éprouva ainsi de plusieurs manières, et il la trouvait toujours obéissante : « Eh bien, dit-il, rien de tout cela... Dieu vous appelle à la Visitation. »

La Visitation n'avait rien de l'austérité des anciens ordres : le fondateur dit lui-même que ce n'était *presque pas une religion*. Nulle pratique gênante, point de veilles, peu de jeûnes, un petit office, de courtes prières, point de clôture (dans les commencements) ; les sœurs, tout en attendant la visite de l'Époux divin, l'allaient visiter dans ses pauvres, ses malades, qui sont ses membres vivants. Rien n'était mieux combiné pour calmer l'orage intérieur que ce mélange de charité active. Mme de Chantal, qui avait été d'abord une bonne mère de famille, une sage maîtresse de maison, fut heureuse de trouver, jusque dans la vie mystique, l'emploi de ses facultés économiques et positives, de se vouer au détail laborieux de l'établissement d'un grand ordre, de voyager, sous une direction aimée, de fondation en fondation. Ce fut un double trait de sagesse dans le saint; il l'employa, et il l'éloigna.

Avec toute cette prudence, il faut dire que le bonheur de concourir au même but, de fonder ensemble, de créer ensemble, fortifia encore l'attache si forte. Il est curieux de voir comme ils resserrent le lien en voulant le dénouer. Contradiction touchante: en même temps qu'il lui prescrit de se détacher de celui *qui fut sa nourrice*, il proteste *que cette nourrice ne lui manquera jamais*. Le jour même où il perdit sa mère, il écrit ces fortes paroles : « C'est à vous que je parle, à vous dis-je, à qui j'ai donné la place de cette mère en mon mémorial de la messe, sans vous ôter celle que vous aviez, car je n'ai su le faire, tant vous tenez ferme ce que vous tenez en mon cœur, et par ainsi, *vous y tenez la première et la dernière!* »

Je ne crois pas qu'un mot plus fort ait jamais échappé au cœur dans un jour plus solennel. Combien dut-il entrer brûlant dans une âme déjà tout endolorie de passion!... Comment s'étonne-t-il après cela qu'elle lui écrive: « Priez Dieu que je ne vous survive pas. » Ne voit-il pas qu'à chaque instant il blesse, et ne guérit que pour blesser?...

Les religieuses de la Visitation, qui ont publié quelques-unes des lettres de leur fondatrice [1], en ont prudemment supprimé beaucoup, qui, disent-elles elles-mêmes, « ne sont propres qu'à être serrées dans le cabinet de la charité. » Il en reste encore assez pour voir la profonde blessure qu'elle porta jusqu'au tombeau [2].

La Visitation n'étant soutenue, ni par la charité active qu'on lui interdit bientôt, ni par la

[1] Je n'ai rien lu, dans aucune langue, de plus passionné, de plus combattu, de plus naif et pourtant de plus subtil, qu'une lettre de Mme de Chantal *sur le désir et la souffrance du dépouillement.* On comprend qu'il s'agit d'une âme qui fait effort pour s'arracher sa plus chère affection. — Cette lettre doit à son obscurité sans doute, de n'avoir pas été proscrite par les Visitandines. Lettres de Mme de Chantal, t. I, p. 27, 30.—Cf. une autre lettre de la même, dans les OEuvres de saint François, t. X, p. 139, août 1619.

[2] Vingt ans après la mort de saint François, l'année même où elle mourut, révérée déjà comme une sainte, elle écrit quelques lettres au sévère abbé de Saint-Cyran, alors prisonnier à Vincennes, et c'est pour s'entretenir encore avec lui du cher souvenir. Lettres chrestiennes et spirituelles de Jean du Vergier de Hauranne, abbé de Saint-Cyran, 1645, in-4°, t. I, p. 53-86. Le plus austère des hommes semble un moment touché et attendri.

culture intellectuelle qui avait fait la vie du Paraclet et autres couvents du moyen âge, il ne lui restait, ce semble, que l'ascétisme mystique. Mais la modération du fondateur, très-conforme à la tiédeur du temps, avait banni du nouvel institut l'austérité des anciens ordres, ces pratiques cruelles qui tuaient les sens en tuant le corps même... Donc, ni activité, ni étude, ni austérité. Dans ce vide, deux choses apparurent dès l'origine : d'une part, le petit esprit, le goût des petites pratiques, des dévotions bizarres; ainsi Mme de Chantal se tatoua le sein du nom de Jésus. D'autre part, un attachement sans règle, borne ni mesure, pour le directeur.

En tout ce qui concerne saint François de Sales, la sainte se montre très-faible; après sa mort, elle délire, et se laisse maîtriser aux rêves, aux visions. Elle croit, dans les églises, aux parfums célestes qu'elle seule a sentis, reconnaître la chère présence. Elle lui porte sur son tombeau un petit livre composé de tout ce qu'il a écrit ou dit sur la Visitation, « le priant que, s'il y avoit quelque chose contre ses intentions, il voulût bien l'effacer. »

En 1631, dix ans après la mort de saint François de Sales, on ouvrit solennellement son tombeau et l'on trouva son corps tout entier. « Il fut posé dans la sacristie du monastère, où, sur les neuf heures du soir, le monde s'étant retiré, elle y mena sa communauté, et se mit en oraison près du corps *dans une extase d'amour et d'humilité*... Comme il étoit défendu d'y toucher, elle fit un acte signalé d'obéissance en s'abstenant de lui baiser la main. Le lendemain matin, en ayant obtenu la permission, elle se baissa pour faire porter la main du Bienheureux sur sa tête, lequel, comme s'il eût été en vie, l'étendit et la serra par une paternelle et tendre caresse; elle sentit très-sensiblement ce mouvement surnaturel... On garde aujourd'hui comme une double relique le voile qu'elle portait alors. »

Que d'autres soient embarrassés ici pour trouver le vrai nom de ce sentiment respectable, qu'une fausse réserve les arrête; qu'ils l'appellent amour filial, amour fraternel, Nous, nous le nommerons simplement d'un nom que nous croyons saint; nous l'appellerons l'amour.

Nous devons croire le saint lui-même, quand il affirme que ce sentiment contribua puissamment à son progrès spirituel. Toutefois, ceci ne suffit pas. Il faut voir quel en fut l'effet sur Mme de Chantal.

Toute la doctrine qu'on pourrait tirer des écrits de saint François, parmi beaucoup d'excellents conseils pratiques, se résumerait pourtant par ces mots : *Aimer*, *attendre*.

Attendre la visitation de l'Époux divin. Loin de conseiller l'action ou la volonté d'agir, il craint même le mouvement, jusqu'à exclure le mot d'*union* avec Dieu, qui impliquerait un mouvement pour s'unir; il veut que l'on dise : *unité*, il faut rester dans l'*amoureuse indifférence*... « Je veux peu de chose, dit-il ; ce que je veux, je le veux fort peu. Je n'ai presque point de désirs ; mais, si j'étais à renaître, je n'en aurois point du tout. Si Dieu venoit à moi, j'irois aussi à lui ; *s'il ne vouloit pas venir à moi*, je me tiendrois là *et n'irois pas à lui.* »

Cette absence de désirs exclut jusqu'au désir de la vertu. C'est le dernier terme où le saint paraît arriver peu de temps avant sa mort. Il écrit, le 10 août 1619 : « Dites que vous renoncez à toutes les vertus, n'en voulant qu'à mesure que Dieu vous les donnera, ni *ne voulant avoir aucun soin de les acquérir*, qu'à mesure que sa bonté vous emploiera à cela pour son bon plaisir. »

Si la volonté propre disparaît à ce point, qui

prendra la place? La volonté de Dieu apparemment... Seulement, n'oublions pas que si ce miracle se fait, il en résultera un état d'inaltérable paix, d'immuable force. A ce signe, à nul autre, nous devons le reconnaître.

M^me^ de Chantal nous apprend elle-même que l'effet fut tout contraire. Quoiqu'on ait habilement arrangé sa vie, mutilé ses lettres, il en reste assez pour voir dans quel orage de passion elle a passé ses jours. La vie tout entière, une longue vie, tout occupée de soins positifs, de fondations, d'administration, ne fait rien pour la calmer; le temps l'use et la détruit, sans rien changer au martyre intérieur. Elle finit par cet aveu dans ses derniers jours : « Toutes les peines que j'ai souffertes pendant le cours de ma vie n'ont point été comparables aux tourments que j'endure maintenant, étant réduite à tel point, que rien ne me peut contenter, ni donner aucun soulagement, sinon ce seul mot, *la mort...* »

Je n'avais pas besoin qu'elle le dît; je l'aurais trouvé sans elle. Cette culture exclusive de la sensibilité, quelques vertus qui puissent l'ennoblir, a l'infaillible résultat de troubler l'âme, de la rendre faible et souffrante au dernier degré. Ce n'est pas impunément qu'on absorbe dans l'amour la volonté, qui fait la force de l'homme, la raison, qui fait sa paix.

J'ai parlé ailleurs [1] des rares, mais très-beaux exemples que donna le moyen âge dans ses doctes religieuses, qui associèrent ensemble la science et la piété. Ceux qui les formèrent ainsi ne craignirent pas apparemment de développer en elles la raison et la volonté. La science rend l'âme inquiète, dit-on, et, trop curieuse, elle nous éloigne de Dieu... Comme s'il y avait une science qui ne fût en lui, comme si la lumière divine réfléchie dans la science n'avait pas une vertu de sérénité, une puissance pour calmer les cœurs, leur communiquant la paix des vérités éternelles, des indestructibles lois qui seront encore quand les mondes auront fini.

Dans tout ceci qui accusé-je? l'homme? à Dieu ne plaise! la méthode seulement.

Cette méthode qu'on a appelée *quiétisme* lorsqu'on l'a réduite en système, et qui, comme on le verra tout à l'heure, est celle en général de

[1] Dans un fragment sur *l'Éducation des femmes au moyen âge*, réimprimé à la suite de mon Introduction à l'Histoire universelle, 3e édition, 1844.

la *direction dévote* [1], n'est autre chose que le développement de notre passivité, de nos instincts d'inertie; le résultat, à la longue, c'est la paralysie de la volonté, l'anéantissement de ce qui constitue l'homme même.

Saint François de Sales était, ce semble, l'un de ceux qui pouvaient le mieux conserver la vie dans un système de mort. Ce n'en est pas moins lui, si loyal et si pur, qui introduit le système à cette époque. Il ouvre au dix-septième siècle la porte des voies passives.

Nous sommes à l'aube du siècle, dans la fraîcheur du matin, et la brise souffle des Alpes. Voyez pourtant, Mme de Chantal défaille et respire à peine... Que sera-ce donc le soir?

Le bon saint homme, dans une lettre charmante, se représente un jour sur le lac de Genève, « en une petite barquette, » conduit par la Providence, bien obéissant « au nocher qui défend de remuer, et bien aise de n'avoir pour appui qu'un ais de trois doigts. » Le siècle est embarqué avec lui, et, sous cet aimable guide, il vogue aux écueils; ces eaux pro-

[1] Tellement inhérente à la *direction dévote*, que vous la retrouvez dans les adversaires mêmes du quiétisme. V. les Lettres de Bossuet aux religieuses qu'il dirigeait.

fondes, vous le reconnaîtrez plus tard, sont celles du quiétisme ; et si votre œil est pénétrant, dans ce transparent abîme vous verrez déjà Molinos [1].

[1] Le principe est le même chez saint François de Sales et tous les quiétistes, à quelque degré qu'ils le soient ; c'est l'*anéantissement de la volonté* posé comme *idéal de perfection*. Saint François ne recommande pas l'anéantissement pour état *habituel* de l'âme ; les autres veulent que cet état, qui est celui de perfection, devienne *habituel*, s'il se peut (Fénélon), ou même *perpétuel* (Molinos). V. plus bas, p. 114. — Bossuet cherche et trouve dans saint François quelques passages contraires à sa doctrine générale ; ils prouvent seulement que le saint n'est pas conséquent.

## CHAPITRE III.

Isolement de la femme. Dévotion aisée. Théologie mondaine des jésuites et de Rome. La femme et l'enfant exploités. Guerre de Trente ans, 1618-1648. — Dévotion galante. Romans dévots. Casuistes.

---

Jusqu'ici nous avons parlé d'une rare exception, d'une vie de femme pleine d'œuvres, et doublement remplie, vie de sainte et de fondatrice, mais d'abord vie d'épouse, de mère de famille, de sage maîtresse de maison. Les biographes de M^me^ de Chantal remarquent comme chose singulière qu'elle ait, mariée et veuve, conduit elle-même sa maison, gouverné ses gens, administré le bien de son mari, de son père et de ses enfants.

Cela en effet devient rare alors. Le goût du

*ménage* et des soins domestiques que nous trouvons partout au seizième siècle, principalement dans les familles de robe et de bourgeoisie, perd beaucoup au dix-septième, chacun veut vivre *noblement*. Le désœuvrement est un goût de l'époque qui sort aussi de la situation. La société entière est désœuvrée le lendemain des guerres de religion; toute action locale a cessé, et la vie centrale, celle de cour, commence à peine. La noblesse a fini ses aventures, pendu l'épée au clou; le bourgeois n'a plus rien à faire, plus de complots, d'émeutes, de processions armées. L'ennui de ce désœuvrement pèsera spécialement sur la femme; elle va se trouver tout à la fois inoccupée et isolée. Au seizième siècle elle était en communication avec l'homme par les grandes questions qui se débattaient dans la famille même, par les périls communs, par les craintes et les espérances. Rien de tout cela au dix-septième siècle.

Ajoutez une chose grave qui risque fort d'augmenter dans les temps qui vont suivre; c'est que dans chaque profession, l'esprit de spécialité, de détail, qui peu à peu absorbe l'homme, a cet effet de l'isoler dans la famille, de le rendre en quelque sorte muet pour sa femme et pour les siens. Il ne leur communique plus sa pensée de chaque jour; ils ne pourraient rien comprendre aux minuties difficiles, aux petits problèmes techniques qui remplissent son esprit.

Mais au moins, la femme a-t-elle ses enfants pour la consoler? Non; au temps qui nous occupe, la maison, silencieuse et vide, n'est plus avivée du bruit des enfants; l'éducation de famille devient une exception; elle cède chaque jour à la mode de l'éducation collective. Le fils est élevé aux Jésuites, la fille aux Ursulines, ou chez d'autres religieuses. La mère reste seule.

La mère et le fils, désormais séparés! mal immense, qui contient en germe mille maux pour la famille, pour la société!... J'y reviendrai ailleurs.

Non-seulement séparés; mais, par l'effet d'une vie toute contraire, ils seront de plus en plus opposés d'esprit, de moins en moins capables de s'entendre. L'enfant, petit savant en *us;* la mère, ignorante et mondaine. Plus de langue commune entre eux.

La famille dissoute ainsi sera bien plus ouverte aux influences du dehors. La femme et l'enfant, une fois séparés, sont plus aisés à prendre; seulement on y emploie des moyens différents. L'enfant est dompté, brisé, par l'accablement des études; il faut qu'il écrive, écrive, qu'il copie, copie; au plus, qu'il traduise, imite. La mère, au contraire, c'est par l'excès du vide et de l'ennui qu'on aura prise sur elle. La dame de château est seule au château; le mari est à la chasse, à la cour. Madame la présidente est seule dans son hôtel, monsieur part le matin pour le Palais et revient le soir; triste hôtel dans le Marais ou la Cité, une grande maison grise dans une noire petite rue.

La dame, au seizième siècle, charmait son oisiveté par le chant, souvent par les vers. Au dix-septième siècle, on lui interdit les chansons mondaines; quant aux chants religieux, elle s'en abstient bien mieux encore. Chanter un psaume! ce serait se déclarer protestante! Que lui reste-t-il donc? rien que la dévotion galante, la conversation du directeur ou de l'amant.

Le seizième siècle, avec ses mœurs violentes et sa fluctuation d'idées, allait vivement, par saccades, de la galanterie à la dévotion, de Dieu au Diable; il alternait brusquement entre le plaisir et la pénitence. Au dix-septième, on est bien plus habile; grâce aux progrès de l'équivoque, on peut mener de front les deux choses, mêler les deux langages, parler amour et dévotion tout ensemble. Si vous écoutiez, témoin invisible, la conversation des belles ruelles, vous ne sauriez pas toujours distinguer qui parle, de l'amant ou du directeur.

Pour s'expliquer le succès singulier du dernier, il ne faut pas oublier la situation morale du temps, l'état de conscience inquiet et perplexe où tout le monde se trouvait le lendemain d'une époque aussi passionnée que celle des guerres de religion. Dans le triste loisir qui commençait, dans la nullité du présent, le passé revenait vivace et les souvenirs d'autant plus importuns. Pour beaucoup d'esprits, pour les faibles et orageuses âmes de femmes surtout, se réveillait la question terrible du salut et de la damnation.

Toute la fortune des jésuites, la confiance que leur donnèrent les grands, les belles dames, tinrent à la réponse adroite qu'ils trouvèrent à cette question. Un mot donc là-dessus qui est indispensable.

Qui peut nous sauver?... Le *théologien* d'une

part, de l'autre le *juriste* ou le philosophe, font à cette question des réponses opposées.

Le *théologien*, s'il est vraiment tel, fait la part la plus grande au christianisme, et répond : « C'est la grâce du Christ qui nous tient lieu de justice [1], et sauve qui elle veut. Quelques-uns sont prédestinés au salut, le grand nombre à la damnation. »

Le *juriste* répond au contraire que nous sommes punis ou récompensés selon l'emploi bon ou mauvais que nous faisons librement de notre volonté; nous sommes payés selon nos œuvres, selon la justice.

Voilà l'éternel procès du juriste et du théologien, de la justice et de la prédestination.

Pour mieux se figurer l'opposition des deux principes, qu'on se représente une montagne à deux pentes, et la crête étroite et tranchante, un fil de rasoir. D'une part, la prédestination qui damne; de l'autre, la justice qui frappe... deux terreurs... Au sommet, le pauvre homme un

[1] C'est, à des degrés différents, la réponse commune des défenseurs de la Grâce, protestants, jansénistes, thomistes, etc. Mettez en face toutes les nuances du parti opposé, les jurisconsultes de l'antiquité et du moyen âge, les hérétiques pélagiens et semi-pélagiens, les philosophes modernes.

pied sur une pente, un pied sur l'autre, toujours près de glisser.

Et la peur de glisser, quand fut-elle plus forte qu'après ces grands crimes du seizième siècle, quand l'homme se trouvait si lourd et perdait l'équilibre ? On sait l'effroi de Charles IX après la Saint-Barthélemi ; il mourut faute d'un confesseur jésuite. Jean III de Suède, qui avait tué son frère, n'en mourut pas ; sa femme eut soin de faire venir le bon père Possevino, qui le blanchit et le fit catholique.

Le moyen que les jésuites employèrent pour tranquilliser les consciences, surprend fort au premier aspect[1]. Ils adoptèrent, avec adresse et ménagement, mais enfin ils adoptèrent le principe des juristes, à savoir : *que l'homme est sauvé ou perdu par ses œuvres, par l'emploi qu'il fait de son libre arbitre.*

Doctrine libérale, mais sévère, ce semble : vous êtes libre, partant responsable, punissable. Vous péchez, et vous expiez.

Le jurisconsulte, qui ne plaisante pas, veut ici une expiation sérieuse, personnelle au coupable : « Qu'il apporte sa tête, dit-il ; la loi le

[1] C'est la tentative éclectique de Molina : *Concordia*, etc.

guérira par le fer de la maladie de l'iniquité. »

Il vaut mieux que nous allions trouver le jésuite, nous en serons quittes à meilleur marché [1]. L'expiation avec lui n'a rien d'effrayant. D'abord, il prouvera souvent qu'il n'y a rien à expier. La faute, bien interprétée, deviendra peut-être un mérite. Au pis, si elle reste faute, elle sera lavée par de bonnes œuvres ; or, de toutes, la meilleure c'est de se vouer aux jésuites, à l'intérêt ultramontain.

Sentez-vous tout ce qu'il y eut d'habile dans cette tactique des jésuites? D'une part, la doctrine de liberté et de justice que le moyen âge avait toujours reprochée aux jurisconsultes comme païenne, comme inconciliable avec le christianisme, les jésuites l'adoptent, et se présentent au monde comme amis et champions du libre arbitre.

D'autre part, ce libre arbitre, entraînant responsabilité et justice selon les œuvres, le pécheur en est fort embarrassé ! Le jésuite arrive à point pour l'en soulager, il se charge de diriger

1 Analogues en spéculation, ils diffèrent en pratique. Le juriste maintient la pénalité, et le jésuite supprime la pénitence. Voilà l'amorce réelle, *le petit poisson qui sert à prendre les gros,* selon l'emblème expressif : *Imago primi sæculi Societatis Jesu.*

cette liberté incommode, et réduit les œuvres à l'œuvre capitale de servir Rome. En sorte que la liberté morale, professée théoriquement, va tourner, en pratique, au profit de l'autorité.

Double mensonge. Ces gens qui s'intitulent jésuites, hommes de Jésus, enseignent que l'homme est sauvé moins par Jésus que par lui, par son libre arbitre. Ce sont donc des philosophes, des amis de la liberté? tout au contraire, les plus cruels ennemis de la liberté et de la philosophie.

C'est-à-dire, qu'avec le mot de *libre arbitre*, ils escamotent Jésus, sauf à escamoter avec le mot de *Jésus* la liberté qu'ils mettaient en avant.

La chose se simplifiant ainsi des deux parts, une sorte de marché tacite se fit entre Rome, les jésuites et le monde.

Rome livra le *christianisme*, le principe qui en fait le fond (le salut par le Christ). Mise en demeure de choisir entre cette doctrine et la contraire, elle n'osa décider[1].

Les jésuites livrèrent *la morale* après la religion, réduisant les mérites moraux par lesquels

[1] Les jésuites obtinrent qu'on imposerait silence aux deux partis, c'est-à-dire que Rome ferait taire Molina et saint Thomas.

l'homme fera son salut, à un seul, au mérite politique dont nous avons parlé, celui de servir Rome.

Le monde, que livra-t-il, en revanche?

Le monde (la partie du monde éminemment mondaine, la femme) livra ce qu'il a de meilleur, la famille et le foyer. Ève trahit encore Adam, la femme l'homme, son mari, son fils.

Ainsi chacun vendit son Dieu. Rome vendit la religion, et la femme vendit la religion domestique.

Ces faibles âmes de femmes, après la grande corruption du seizième siècle, incurablement gâtées, pleines de passion et de peur, de mauvais désirs parmi les remords, saisirent avidement ce moyen de pécher en conscience, d'expier sans amender, sans amélioration ni retour vers Dieu. Elles furent heureuses de recevoir au confessionnal, pour toute pénitence, un mot d'ordre politique, une direction d'intrigue. Elles portèrent dans cette étrange manière d'expier, la violence même des passions coupables qu'il s'agissait d'expier; et pour rester dans le péché, elles firent souvent des crimes [1].

[1] V. dans Léger, le vaste système d'espionnage, d'intrigue, de persécution secrète, que les grandes dames du Piémont et de France avaient organisé, sous la direction des jésuites.

La passion féminine, mobile dans tout le reste, fut soutenue ici par l'obstination virile de la main mystérieuse qui se cachait derrière elle. Sous cette action, à la fois molle et forte, ardente et persévérante, immuable comme le fer et fondante comme le feu, les caractères, les intérêts même, cédèrent à la longue.

Quelques exemples aideront à comprendre.

En France, le vieux Lesdiguières avait un grand intérêt politique à rester protestant : comme tel, il était le premier homme du parti. Roi du Dauphiné plutôt que gouverneur, il donnait la main aux Suisses, protégeait les populations romandes et vaudoises contre la maison de Savoie. Mais la fille de Lesdiguières est gagnée par le P. Cotton. Elle travaille habilement, patiemment, son père, et finit par lui faire abandonner cette grande position pour un titre vide, et changer sa religion contre le nom de connétable.

En Allemagne, le caractère de l'empereur Ferdinand I<sup>er</sup>, son intérêt, son rôle, c'était de rester modéré et de ne point se subordonner à son neveu Philippe II. Dans la violence et le fanatisme, il ne lui restait que la seconde place à prendre ; mais les filles de l'Empereur travaillèrent si bien que la maison d'Autriche s'unit par mariage aux maisons de Lorraine et de Bavière. Les enfants de ces maisons étant élevés par les jésuites [1], ceux-ci renouèrent en Allemagne le fil brisé de la destinée des Guises, et ils firent mieux cette fois que les Guises, ils firent à leur usage des instruments aveugles, des ouvriers en diplomatie, en tactique, ouvriers habiles certainement, mais purs ouvriers. Je parle de cette dure et dévote génération des Ferdinand II d'Autriche, des Tilly, des Maximilien de Bavière, ces consciencieux exécuteurs des hautes-œuvres de Rome, qui, sous la direction de leurs pédagogues, promenèrent si longtemps par l'Europe une guerre barbare et savante, impitoyable et méthodique. Les jésuites les y lancèrent, et ils les y surveillèrent; sur les ruines des villes en cendres, sur les champs couverts de morts, le jésuite trottait sur sa mule près du cheval de Tilly.

L'horreur de cette vilaine guerre, la plus laide qui fut jamais, c'est que la libre inspiration, l'élan spontané, y paraissent à peine. Dès son commencement, elle est artificielle et mécani-

[1] V. Ranke, Papauté; Dorigny, Vie du P. Canisius; et surtout P. P. Wolf, Geschichte Maximilians, I, 58, 95.

que[1]; c'est comme un combat de machines ou de fantômes. Ces êtres étranges, créés pour combattre un jour, marchent sans cœur et l'œil vide. Comment s'entendre avec eux? quelle parole leur adresser? quelle pitié peut-on en attendre?... Dans nos guerres de religion, dans celles de la Révolution, c'étaient des hommes qui combattaient; chacun mourait pour son idée, et, tombant sur le champ de bataille, s'enveloppait de sa foi. Ceux de la guerre de Trente ans n'ont point de vie personnelle, point d'idée qui leur soit propre; leur souffle n'est autre que celui du mauvais génie qui les pousse. Ces automates, de plus en plus aveugles, n'en sont pas moins acharnés. Nulle histoire ne ferait comprendre ce phénomène abominable, s'il n'en restait quelque image dans les peintures maudites de ce damné Salvator[2].

Voilà donc ce fruit de douceur, de bénignité, de paternité; voilà comme, ayant d'abord par indulgence et connivence exterminé la morale,

[1] En exceptant, bien entendu, le moment électrique de Gustave-Adolphe.

[2] Le mot est dur, j'y ai regret. Si ce grand artiste peint si cruellement la guerre, c'est qu'il eut sans doute plus de cœur qu'aucun des contemporains, et qu'il sentit mieux l'horreur de cette terrible époque.

ayant surpris la famille, fasciné la mère et conquis l'enfant, ayant par un art du diable élevé l'*homme-machine*, on se trouva avoir créé un monstre, qui pour toute idée, toute vie, toute action, eut le *meurtre*, rien de plus.

Sages politiques, hommes aimables, bons pères, qui, avec tant de douceur, avez savamment et de loin arrangé la guerre de Trente ans [1], séduisant Aquaviva, savant Canisius, bon Possevino, ami de saint François de Sales, qui n'admirerait la flexibilité de votre génie? Tout en organisant la terrible intrigue de cette longue Saint-Barthélemi, vous discutiez avec le bon saint la différence qu'il faut faire de ceux « qui moururent *en amour*, et de ceux qui moururent *d'amour*. »

De ces douces théories à ces résultats atroces, quel fut le chemin? Comment les âmes, énervées par la dévotion galante et la galanterie dévote, gâtées par les facilités quotidiennes d'une casuistique obligeante, se laissèrent mener endormies aux fils de la politique [2]? Ce serait une

[1] V. spécialement dans Ranke, comment Aquaviva s'empara de l'esprit du jeune Maximilien de Bavière, qui devait jouer un si grand rôle dans la guerre de Trente ans.

[2] La facilité étonnante que l'on trouva d'abord dans cette grande

longue histoire. Pour la faire, il faut s'établir dans cette littérature nauséabonde, en pleine boue... Qui le fera sans mal de cœur?

Un mot seulement, essentiel : c'est que, tout préparé que le monde pouvait être, par les mauvaises mœurs et le mauvais goût, aux tristes productions dont l'inondaient les jésuites, tout ce torrent d'eau fade eût passé sans laisser traces, s'ils n'y eussent mêlé quelque chose de l'aimable original qui avait enlevé les cœurs. Le charme de saint François de Sales, sa belle union spirituelle avec M<sup>me</sup> de Chantal, la sainte et douce séduction qu'il avait exercée sur les femmes et les enfants, servirent d'une manière indirecte, mais très-efficace, la grande intrigue religieuse.

Avec la petite morale et l'absolution au rabais, les jésuites pouvaient bien corrompre

entreprise, doit-elle s'expliquer par le génie des meneurs? Vraiment, je ne le crois pas. L'esprit d'intrigue, une certaine adresse diplomatique, patiente et rusée, est-ce le génie? Les jésuites célèbres du temps, ceux qui eurent le plus de succès dans les affaires, si nous les jugeons par ce qui reste d'eux, furent d'insipides écrivains, de lourds pédants, ou de beaux esprits grotesques. M. Ranke, avec son impartialité bienveillante, énumérant les héros des deux partis, dans ce combat de l'esprit humain, voudrait trouver un grand nom pour mettre en face de Shakspeare; il cherche, et trouve Baldus.

les consciences, mais non pas les rassurer. Ils pouvaient jouer plus ou moins habilement du riche instrument de mensonge, que leur institut leur donnait, jouer la science, jouer l'art, la littérature, la théologie ; mais, de toutes ces touches fausses, tirer un son juste? non!

Ce son juste et doux, c'est précisément saint François qui le leur donna. Ils n'eurent qu'à jouer d'après lui, pour rendre le faux un peu moins discordant. Les aimables qualités de ses livres, leurs jolis défauts, furent habilement exploités. Son goût pour la petitesse et l'humilité qui lui fait regarder de préférence les moindres de la création, les petits enfants, les petits oiseaux, les petits moutons, les abeilles, autorisa chez les jésuites le minutieux, l'étroit, les bassesses du style, les petitesses du cœur. Les innocentes hardiesses d'un ange pur comme la lumière, qui sans cesse montre Dieu dans sa plus douce révélation, dans la femme, dans l'allaitement, dans les divins mystères d'amour, elles enhardirent ses imitateurs aux plus scabreuses équivoques, et les firent avancer si loin dans ce jour douteux, qu'entre la galanterie et la dévotion, l'amant et le père spirituel, la ligne devint insensible.

L'ami de saint François de Sales, le bon évêque Camus, avec tous ses petits romans, aida beaucoup à cela. Ce ne fut plus que pieuses bergeries, Astrées dévotes, Amyntes ecclésiastiques [1]. La conversion sanctifie tout, je le sais, dans ces romans. Les amants finissent toujours par le couvent ou le séminaire; mais ils y vont par un bien long circuit, qui fait rêver en chemin.

Le goût du romanesque [2], du fade, du genre benin et paterne, gagna ainsi aisément. Les innocents se trouvèrent avoir travaillé pour les habiles. Un saint François, un Camus firent la route au père Douillet.

L'essentiel pour les jésuites, c'était d'affaiblir, d'amoindrir, de rendre les âmes faibles et fausses, de faire les petits très-petits, et les simples idiots; une âme nourrie de minuties, amu-

[1] Dans l'*Alexis*, Camus s'excuse de faire des romans, c'est pour remplacer les romans mondains : « Il a fait comme ces nourrices qui prennent médecine pour purger leur nourrisson. » L'exemplaire de la Bibliothèque de l'Arsenal est curieux pour ses notes mss.

[2] Pour le goût du romanesque, ceux d'aujourd'hui n'ont pas dégénéré. Le dernier éditeur de saint François voudrait avoir, pour écrire l'histoire du saint et de Mme de Chantal, « la plume qui traça la mort d'Atala et les chastes amours de Cymodocée » (t. I, p. 243). Édition dédiée à Monseigneur l'archevêque de Paris. — L'idéal de l'ineptie en ce genre, est la Vie de la Vierge, par l'abbé Orsini.

sée de brimborions, devait être facile à conduire. Les emblèmes, les rébus, les calembourgs moraux, où se plaisaient les jésuites, étaient très-propres à cela. En fait d'emblèmes ineptes, peu de livres rivalisent avec l'*Imago primi sæculi Societatis Jesu.*

Toutes ces petites sottises réussissaient à merveille chez les femmes désœuvrées, en qui l'esprit était faussé de longue date par la galanterie sans idées. Pour leur plaire, en tous les temps, il n'a fallu que deux choses : premièrement, les amuser, partager leur goût pour le petit, le romanesque et le faux ; secondement, les flatter, les gâter, dans leurs faiblesses, en se faisant plus faible, plus mol, plus femme qu'elles.

Voilà la route tracée pour tous. Comment l'amant prime-t-il le mari ? moins par la passion, le plus souvent, que par l'assiduité et la complaisance, en flattant la fantaisie. Eh bien ! le directeur n'emploiera pas d'autres moyens ; il flattera, et avec d'autant plus de succès qu'on attendait de son caractère, de sa robe, quelque austérité !... Mais qui empêche qu'un autre ne flatte encore plus ? Nous avons vu tout à l'heure un exemple (respectable, il est vrai) de ces infidélités spirituelles. De confesseur en confesseur, plus doux, plus indulgents les uns que les autres, nous risquons de tomber bien bas. Pour l'emporter à la fin sur tant de directeurs commodes, il faut un degré tout nouveau de mollesse et de lâcheté. Il faut que le nouveau venu renverse les rôles, que de juge qu'il était au tribunal de la pénitence, il devienne suppliant, que la justice s'excuse au pécheur, que Dieu se mette à genoux!...

Les jésuites qui par ces moyens écartèrent tant de directeurs, se rendent le témoignage que dans ce genre de concurrence ils n'avaient personne à craindre. En molle indulgence, en connivence déguisée, en subtilité pour attraper Dieu, ils savaient parfaitement que jamais on ne trouverait mieux qu'un directeur jésuite. Le père Cotton craignait si peu que ses pénitentes le quittassent, qu'au contraire il leur conseillait d'aller parfois aux autres confesseurs : « Allez, allez, disait-il; tâtez-en, vous me reviendrez ! »

Qu'on se figure entre les confesseurs, directeurs, casuistes consultants, cette émulation gé-

[1] V. à ce sujet la singulière fatuité du jésuite Fichet, le mépris avec lequel il parle du premier directeur de Mme de Chantal, qui était trop jaloux d'elle; il va jusqu'à l'appeler : « Ce berger... » (p. 123-135).

nérale pour tout justifier, pour trouver chaque jour quelque adroit moyen d'aller plus loin dans l'indulgence, d'innocenter tel cas nouveau qu'on croyait jusque-là coupable. Le résultat de cette guerre au péché, poussée à l'envi par tant de savants hommes, c'était qu'il disparût peu à peu de toute la vie humaine; le péché ne savait plus où se réfugier, et l'on pouvait croire que dans un certain temps il n'y en aurait plus au monde.

Le grand livre des *Provinciales*, avec tout l'artifice de sa méthode, laisse pourtant une chose à regretter. En donnant la concordance des casuistes, l'auteur les présente en quelque sorte sur la même ligne, et comme contemporains. Il eût été bien autrement instructif de les dater, de rendre à chacun d'eux selon son mérite, dans le développement progressif de la casuistique, de montrer comment ils allèrent perfectionnant, enchérissant l'un sur l'autre, se surpassant, s'effaçant.

Dans une si grande concurrence, il leur fallait bien faire effort et s'ingénier. Le pénitent ayant à choisir, pouvait être difficile. Chaque jour, il lui fallait l'absolution à meilleur compte; qui ne savait pas baisser, perdait la pratique. C'était l'affaire d'un habile homme de trouver dans un tel relâchement de quoi relâcher encore. Belle science, élastique et facile, qui au lieu d'imposer des règles, se proportionnait, se faisait étroite ou large, et prenait mesure... Chaque progrès de ce genre, étant soigneusement noté, servait de point de départ pour aller plus loin.

Dans les pays une fois devenus fiévreux, la fièvre engendre la fièvre; l'habitant malade, négligeant les soins de salubrité, la vase monte sur la vase, les eaux s'épandent en marais, les miasmes épaississent; un air tiède, fade et lourd pèse sur le pays. Les gens se traînent ou se couchent. Ne leur parlez pas d'y rien faire; ils sont habitués à la fièvre; ils l'ont depuis leur naissance; leurs pères l'ont eue. Pourquoi des remèdes? L'état du pays est tel de temps immémorial; ce serait presque dommage, suivant eux, de rien changer.

## CHAPITRE IV.

Les couvents. Quartier des couvents. Couvents du dix-septième siècle. Contraste du moyen âge. — Le directeur. On se dispute la direction des religieuses Les jésuites vainqueurs par la calomnie.

---

Une dame allemande, naïve et spirituelle, me contait un jour qu'étant venue pour la première fois à Paris avec son mari, ils avaient longtemps erré dans un grand quartier fort triste, où ils firent une infinité de tours et détours, sans pouvoir trouver leur chemin. Entrés par un jardin public, ils trouvèrent à la longue un autre jardin public qui les ramena au quai. Je compris qu'elle parlait du docte et pieux quartier qui contient tant de couvents et de colléges, et qui du Luxembourg s'étend au Jardin-des-Plantes,

« Je voyais, disait cette dame, des rues entières de jardins, bordés de grands murs qui rappellent les quartiers déserts de Rome où règne la *malaria*, avec cette différence que ceux-ci n'étaient pas déserts, mais mystérieusement habités, clos, défiants, inhospitaliers. D'autres rues, très-sombres, étaient comme enterrées entre deux rangs de hautes maisons grises qui ne regardent pas la rue, et qui par dérision montrent des croisées... murées, ou bien des jalousies rivées, tournées à l'envers, qui voient et ne voient pas. Nous demandâmes plusieurs fois notre chemin, et souvent on nous l'indiqua ; mais je ne sais comment, après avoir monté, descendu, remonté, nous en étions au même point. L'ennui, la fatigue augmentait... Nous retrouvions invinciblement, fatalement, les mêmes rues tristes, les mêmes maisons sombres, sournoisement closes, qui nous regardaient d'un œil louche. Épuisée à la longue et n'y voyant aucune fin, dominée de plus en plus par je ne sais quel ennui qui transpirait de ces murs, je m'assis sur une borne, et je me mis à pleurer. »

L'ennui, c'est effectivement ce qui prend et affadit le cœur, à regarder seulement ces disgracieuses maisons ; les plus gaies sont des hôpitaux. Bâties pour la plupart, ou rebâties au commencement du dix-septième siècle, dans le solennel ennui des temps de Louis XIII et de Louis XIV, elles n'ont rien qui rappelle l'art aimable de la renaissance ; le dernier souvenir qui en reste, c'est la façade florentine du Luxembourg. Toutes ces maisons qu'on fait plus tard, même celles qui affectent un certain luxe sévère (par exemple la Sorbonne), sont grandes parfois, jamais grandioses. Avec leurs hauts toits pointus, leurs lignes rigides, elles ont toujours l'air sec, triste, monotone, *l'air prêtre*, ou *l'air vieille fille*. En quoi elles ne mentent guère, la plupart ayant été bâties pour loger les filles innombrables de la noblesse, de la bourgeoisie vivant noblement, qui s'en débarrassaient ainsi ; pour faire un fils riche, on envoyait là les sœurs mourir tristement, décemment.

Les monuments du moyen âge sont mélancoliques, mais non ennuyeux ; on y sent la force et la sincérité du sentiment qui les éleva ; ce ne sont pas, pour la plupart, des monuments officiels, mais des œuvres vivantes du peuple, les fils de sa foi. Ceux-ci, au contraire, ne sont autre chose que la création d'une classe, de la classe nobiliaire qui pullulait au dix-septième siècle par la domesticité, l'antichambre et les bureaux. Ce sont des hospices ouverts aux filles de ces familles. Leur grand nombre nous fait illusion sur la force et l'étendue de la réaction religieuse de ce temps. Regardez-les bien, et dites-moi, je vous prie, si vous y voyez la moindre trace du vieil ascétisme ; sont-ce des maisons religieuses ou bien des hôpitaux, des casernes ou des colléges ? rien ne l'indique. Ils seront parfaitement propres aux divers usages civils. Ils n'ont qu'un caractère, mais bien arrêté : l'uniformité sérieuse, la médiocrité décente, l'ennui... C'est l'ennui réalisé sous forme architecturale, l'ennui palpable, l'ennui tangible et visible.

Ce qui multiplia infiniment ces maisons, c'est que l'austérité des anciennes règles s'étant alors fort adoucie, les parents hésitaient moins à faire prendre le voile à leurs filles ; ce n'était plus les enterrer vives. Les parloirs étaient des salons où le monde affluait, sous prétexte de s'édifier. Les belles dames y venaient faire leurs confidences, occupaient les religieuses d'intrigues et de tracasseries, les troublaient de vains regrets. Avec ces distractions mondaines, l'intérieur des couvents était d'autant plus triste ;

peu d'austérité, des petites pratiques sans goût, une vie généralement oisive, un vide infini.

La vie monastique était, il faut le dire, autre chose au moyen-âge, plus sérieuse; il y avait au couvent plus pour la mort et plus pour la vie. Le système était fondé généralement sur deux choses, suivies sincèrement et à la lettre : la destruction du corps, la vivification de l'âme. Contre le corps, on employait un jeûne exterminateur, des veilles excessives, des saignées fréquentes. Pour le développement de l'âme, les moines, les religieuses devaient lire, copier, chanter; jusqu'au onzième siècle, elles comprenaient leur chant, le latin différait peu des langues vulgaires qu'on parlait. Les offices avaient alors un caractère dramatique qui soutenait et sans cesse réveillait l'attention; beaucoup de choses, qu'on a réduites aux simples paroles, s'exprimaient alors en gestes, en pantomimes; ce qui se dit aujourd'hui, se *jouait* alors [1]. Lorsqu'on donna au culte le caractère sérieux, sobre, ennuyeux, qu'il a aujourd'hui, les religieuses eurent encore un dédommagement, les pieuses lectures, les légendes, les vies des saints, et

[1] V. mes Origines du droit. D. Martene, De Ritibus, etc.

autres livres, que l'on traduisit, par exemple l'admirable version française de l'Imitation [1]. Toutes ces consolations leur furent retirées au seizième siècle; on trouva qu'il y avait danger à les rendre trop liseuses. Le chant même, au dix-septième, paraissait suspect à beaucoup de confesseurs; on craignait qu'elles ne s'attendrissent à chanter les louanges de Dieu [2].

Comment remplaça-t-on tout cela? A ces offices qu'elles ne comprenaient plus, à ces lectures, à ces chants qu'on leur défendait, à tant de choses, qui leur furent successivement ôtées, quelle chose substitua-t-on ?

Une chose? non, mais un homme, tranchons le mot, le *directeur*... Le directeur, chose nouvelle, peu connue au moyen âge, qui n'eut que le confesseur.

Oui, c'est un homme qui hérite de toute cette grande place vide; c'est sa conversation, son enseignement qui doit la remplir. La prière, la lecture, si elle est permise, tout se fera sous lui et par lui. Dieu qu'elles puisaient dans leurs livres ou dans leurs soupirs, Dieu leur est

[1] Histoire de France, t. V, p. 15.

[2] Châteaubriand, Vie de Rancé, p. 227-229.

désormais dispensé par cet homme, mesuré par lui jour par jour à la mesure de son cœur....

Les idées se pressent ici... Mais il faut qu'elles patientent; nous les écouterons plus tard. Pour le moment, elles rompraient le fil de la déduction historique.

Au premier moment de la réaction dévote, les religieuses furent généralement gouvernées par des religieux de leur ordre. Les feuillantines l'étaient par les feuillants, les carmélites par les carmes, les religieuses de Sainte-Elisabeth par les religieux Picpus. Les capucines étaient non-seulement confessées et dirigées par les capucins, mais nourries par eux et du produit de leurs quêtes [1].

Les moines ne conservèrent pas cette possession exclusive. Pendant plus d'un quart de siècle, prêtres, moines, religieux de toute robe, se firent, à ce sujet, une guerre acharnée. Ce mystérieux royaume des femmes, enfermées, dépendantes, sur qui l'on peut exercer une domination sans partage, c'était, non sans raison, leur ambition commune à tous. De telles mai-

[1] V. Héliot, et pour Paris spécialement, Félibien, fort complet sur cette matière.

sons, en apparence immobiles et étrangères au monde, n'en sont pas moins toujours de grands centres d'action. Il y avait là un grand pouvoir pour les ordres qui s'en saisiraient; et pour les individus, prêtres ou religieux, c'était (qu'ils l'avouassent ou non), c'était une affaire de cœur.

Ce que je dis ici, je le dis des plus purs et des plus sévères, qui souvent sont les plus tendres. L'honorable attachement du cardinal Bérulle pour les Carmélites qu'il avait fait venir ici, était connu de tout le monde. Il les avait logées près de chez lui; il y allait à toute heure de jour, et même le soir; les jésuites disaient *de nuit*. C'est près d'elles que, malade, il venait se rétablir. Quand Paris fut ravagé par la peste, il dit qu'il ne s'éloignerait pas, « à cause de ses Carmélites. »

Les oratoriens et les jésuites, ennemis et adversaires naturels, firent d'abord cause commune pour écarter les carmes de la direction de ces religieuses; quand ils y eurent réussi, ils commencèrent à se battre entre eux.

L'ordre austère des Carmélites, qui prit peu d'extension chez nous, avait pourtant de l'importance comme idéal de pénitence, comme poésie religieuse; l'esprit enthousiaste de sainte

Thérèse y vivait encore. C'était là que les conversions violentes venaient se jeter; là venaient mourir celles qui, trop blessées, comme M^me^ de la Vallière, ne pouvaient guérir que par la mort.

Mais les deux grandes institutions du temps, celles qui en exprimaient l'esprit, et qui prirent un développement immense, ce furent les Visitandines et les Ursulines. Les premières eurent, au siècle de Louis XIV, environ cent cinquante monastères; les secondes, trois ou quatre cents.

Les Visitandines, comme on sait, étaient le plus doux des ordres; inactives, elles attendaient la visite du divin Époux; leur vie molle était très-propre à faire des visionnaires. On sait l'étonnant succès de Marie Alacoque, et comment il fut exploité par les jésuites.

Les Ursulines, plus utiles, se vouaient à l'enseignement. Les trois cent cinquante couvents qu'elles eurent en ce siècle, élevaient, selon le calcul le plus modéré, trente-cinq mille jeunes filles. Vaste institut d'éducation qui, dirigé par des mains habiles, pouvait devenir un grand instrument politique.

Ursulines et Visitandines étaient soumises aux évêques, qui leur donnaient des confesseurs. Saint François de Sales, si bon ami des jésuites et des religieux en général, s'était montré défiant à leur égard, dans l'affaire qui lui tenait le plus au cœur, celle de la Visitation : « M'est avis (dit-il quelque part) que ces bonnes filles ne savent ce qu'elles veulent, si elles veulent attirer sur elles la supériorité des religieux, lesquels à la vérité sont d'excellents serviteurs de Dieu ; mais c'est une chose toujours dure pour les filles, que d'être gouvernées par les ordres, *qui ont coutume de leur ôter la sainte liberté de l'esprit*[1]. »

Il n'est que trop facile de voir combien les ordres de femmes reproduisirent servilement l'esprit des hommes qui les dirigeaient. Celles que gouvernaient les moines eurent un caractère de dévotion bizarre, excentrique, violente. Sous les prêtres séculiers, oratoriens, doctrinaires, etc., il y avait un peu de raison, une petite sagesse étroite, médiocre, sèche et stérile.

Les religieuses qui recevaient des évêques leurs confesseurs ordinaires, se choisissaient elles-mêmes un confesseur extraordinaire, qui, comme extraordinaire, ne manquait pas de pri-

[1] Œuvres, t. XI, p. 120 (éd. 1833).

mer l'autre et de l'annuler; celui-ci, le plus souvent, se trouvait être un jésuite. Les ordres nouveaux des Ursulines et des Visitandines, créés par des prêtres qui avaient essayé d'en écarter les religieux, n'en tombèrent pas moins sous l'influence de ceux-ci. Les prêtres fondèrent, et les jésuites profitèrent.

Rien ne servit mieux les jésuites que de dire et de répéter que c'était chose à eux défendue par leur sévère fondateur, de gouverner jamais des couvents de femmes. Des couvents en général, cela était vrai; mais des religieuses en particulier, de leur direction individuelle, cela était faux; ils ne les gouvernaient pas collectivement, ils les dirigeaient une à une.

Le jésuite n'avait pas l'ennui quotidien du détail, du ménage spirituel, le menu fretin des petits péchés. Il ne fatiguait pas, il intervenait à propos; il était surtout utile pour dispenser les religieuses de dire au confesseur ce qu'elles voulaient cacher. Celui-ci devenait peu à peu une espèce de mari, dont on ne tenait guère compte.

Si par hasard il avait de la fermeté de caractère, s'il pouvait exercer une influence, on travaillait à l'écarter à force de calomnies. On peut juger de l'audace des jésuites en ce genre, puisqu'ils ne craignirent pas de s'attaquer à un homme aussi autorisé que le cardinal de Bérulle[1]. Une de ses parentes étant devenue grosse aux carmélites, dans un couvent où lui-même n'avait jamais mis les pieds, ils l'accusèrent hardiment. Ne trouvant personne pour les croire, et voyant qu'ils ne gagneraient rien à l'attaquer sur le chapitre des mœurs, ils se mirent à aboyer tous ensemble contre ses livres. Il y avait là, disaient-ils, le poison caché d'un dangereux mysticisme; le cardinal était trop tendre, trop indulgent, trop mol, et comme théologien, *et comme directeur*... Prodigieuse effronterie ! lorsque tout le monde savait et voyait quels directeurs ils étaient eux-mêmes!

Cela opéra pourtant à la longue, sinon contre Bérulle, au moins contre l'Oratoire, qui se dégoûta, s'effraya, de la direction des religieuses, et finit par s'en désister. C'est un remarquable exemple des tout-puissants effets de la calomnie, lorsqu'elle est organisée en grand par un corps, poussée d'ensemble, dite et redite en chœur... Un chœur de trente mille hommes, répétant tous

[1] Tabaraud, Vie de Bérulle, t. I, passim.

les jours la même chose dans tout le monde chrétien ! qui résisterait à cela?... C'est là proprement l'art jésuite, et ils y ont été incomparables. Il leur fut dit, à leur naissance, à peu près comme Virgile dit à son Romain dans le passage si connu (*Excudent alii spirantia molliùs æra...*) : « D'autres animeront l'airain ou donneront la vie au marbre ; ils excelleront dans d'autres arts... Toi, jésuite, souviens-t'en, ton art est la calomnie. »

## CHAPITRE V.

Réaction de la moralité. Arnaud, 1643. Pascal, 1657. Avilissement des jésuites. Comment ils s'assurent du roi et du pape, et font taire leurs ennemis. — Découragement des jésuites, leur corruption ; ils protégent les premiers quiétistes ; immoralité du quiétisme. Desmarets de Saint-Sorlin. Morin brûlé, 1663.

---

La morale était malade, mais enfin elle n'était pas morte. Minée par les casuistes, par le jésuitisme et les intrigues du clergé, elle fut sauvée par les mondains. C'est le contraste que présente cette époque. Les prêtres, les meilleurs même, comme le cardinal de Bérulle, se plongent dans le monde et la politique. Les laïques illustres, Descartes, Poussin, vont chercher la solitude. Les philosophes se font moines, et les saints font des affaires.

Chacun aura ce qu'il veut en ce siècle. Les uns auront la puissance ; ils finiront par obtenir l'expulsion des protestants, la proscription des jansénistes, la soumission des gallicans au pape. Les autres auront la science; Descartes et Galilée en donnent le mouvement, Leibnitz et Newton l'harmonie. C'est-à-dire que l'Église vaincra dans l'ordre temporel, et que les laïques prendront le pouvoir spirituel.

Du désert où nos grands moines laïques se sont refugiés alors, souffle un vent plus pur. Un âge commence, on le sent, l'âge moderne, *l'âge du travail*, après celui des disputes. Plus de rêves, plus de scolastique. Il faut se mettre sérieusement à l'ouvrage, de bonne heure, avant le jour. Il fait un peu froid, n'importe ; c'est le froid vivifiant de l'aube, comme dans ces belles nuits du Nord où une reine de vingt ans va trouver Descartes à quatre heures, pour apprendre l'application de l'algèbre à la géométrie.

L'esprit sérieux, élevé, qui renouvela la philosophie et modifia la littérature, ne pouvait être sans influence sur la théologie. Il trouva un point d'appui, minime, imperceptible encore, dans la réunion des amis de Port-Royal ; à cette austérité, il donna la grandeur, et la morale eut sa réclamation, la religion se souvint d'elle-même.

Tout prospérait aux jésuites; confesseurs des rois, des grands, des belles dames, ils voyaient partout fleurir leur morale, lorsque dans ce ciel serein, le tonnerre éclate et la foudre tombe.... Je parle du livre d'Arnaud, tellement inattendu, et si accablant : *La fréquente communion* (1643).

Les jésuites et le jésuitisme ne furent pas seuls frappés, mais en général tout ce qui énervait le christianisme par une molle indulgence. Il reparut austère et grave; le monde revit avec étonnement la face pâle du Crucifié. Il revenait dire au nom de la grâce, ce que dit également la raison naturelle : Qu'il n'y a point d'expiation réelle sans le repentir. — Que devinrent, en présence de cette vérité sévère, tous les petits arts d'éluder? Que devinrent les dévotions mondaines, la piété romanesque, toutes les Philothées, les Érothées et leurs imitations? Le contraste parut choquant.

D'autres ont dit et diront tout cela bien mieux. Je ne fais pas ici l'histoire du jansénisme. La question théologique est aujourd'hui surannée. La question morale subsiste, et l'histoire lui doit un mot; elle ne peut rester impartiale entre les honnêtes gens et les malhonnêtes gens. Que le parti janséniste ait exagéré ou non la doctrine de la Grâce, il faut appeler ce parti, comme il mérite de l'être en ce beau combat, le parti de la vertu.

Bien loin qu'Arnaud et Pascal aient été trop loin contre leurs adversaires, il serait facile de montrer qu'ils s'arrêtèrent d'eux-mêmes en deçà du but, qu'ils ne voulurent point user de toutes les armes, qu'ils craignirent, en attaquant sur certains points délicats la direction jésuitique, de faire tort à la direction en général et à la confession.

Le jésuite Ferrier avoue qu'après le coup terrible des *Provinciales*, les jésuites furent écrasés, qu'ils tombèrent dans la dérision et le mépris. Une foule d'évêques les condamnèrent, pas un ne les défendit.

Un des moyens qu'ils employèrent pour replâtrer leur affaire, ce fut de dire hardiment que les opinions qu'on leur reprochait n'étaient point celles de la Société, mais de quelques individus. On leur répondait que tous leurs livres étant examinés par le général, appartenaient ainsi à la Société entière. N'importe, pour amuser les simples, ils firent écrire quelques-uns d'eux contre leur propre doctrine. Un jésuite espagnol écrivit contre l'ultramontanisme. Un autre, leur père Gonzalès, fit un livre contre les casuistes. Celui-ci leur fut très-utile. Quand, à la longue, Rome eut enfin honte de leur doctrine et les désavoua, ils mirent Gonzalès en avant, ils imprimèrent son livre et le prirent pour général. Aujourd'hui encore, c'est ce livre, ce nom qu'ils nous opposent. Ainsi ils ont réponse à tout. Aimez-vous l'indulgence, prenez Escobar; aimez-vous la sévérité, prenez Gonzalès.

De ce mépris universel où ils tombèrent après les Provinciales, voyons ce qui résulta. La conscience publique étant si bien avertie, chacun apparemment va s'empresser de les fuir? Leur confessionnal sera évité, leurs colléges vont être déserts?... Vous le croiriez? Vous vous tromperiez.

Ils sont trop nécessaires à la corruption du temps. Comment voulez-vous, sans eux, que le Roi, dans son double adultère, affiché devant l'Europe, puisse faire ses dévotions? Le père Ferrier, le père Canard[1], le père Lachaise, resteront là jusqu'au bout, comme ces meubles

[1] C'est celui qui se faisait appeler de son nom latin, Annat.

trop commodes, dont on ne peut pas se passer.

Mais Rome, est-ce qu'elle ne sent pas combien elle est compromise par de tels auxiliaires? N'y a-t-il pas urgence pour elle à s'en séparer?

Les velléités ne manquèrent point; tel pape condamna l'apologie des casuistes que les jésuites avaient risquée. Là, se borna toute l'énergie de Rome. S'il lui en resta, ce fut contre les ennemis des jésuites. Ceux-ci l'emportèrent; ils avaient obtenu au commencement du siècle que le pape imposât silence à la doctrine de la Grâce défendue par les dominicains, et ils la firent taire encore, au milieu du siècle, lorsqu'elle recommençait à parler par la voix des jansénistes.

Ce silence imposé deux fois, les jésuites le payèrent à Rome, en portant toujours plus haut la doctrine de l'infaillibilité papale. Cette Babel qui croulait, ils ne craignirent pas de bâtir dessus, ils l'exhaussèrent de deux étages : Premièrement, ils formulèrent (par leur Bellarmin) l'infaillibilité du pape *en matière de foi.* Deuxièmement, le danger étant devenu plus grand, ils firent une chose hardie, insensée, mais qui gagna Rome; ils firent faire au pape dans sa décrépitude ce qu'il n'avait jamais osé dans sa puissance : se porter pour infaillible dans les *questions de fait.*

Et cela, au moment où sur les plus grands faits de la nature et de l'histoire, Rome a été obligée de confesser qu'elle errait. Sans parler du Nouveau-Monde qu'il lui faut bien admettre, après l'avoir nié, elle condamne Galilée; et puis elle le subit, elle l'adopte, elle l'enseigne ; la pénitence qu'elle lui fit faire un jour, elle la fait depuis deux cents ans devant Galilée [1].

Autre fait plus grave, en un sens :

Le droit fondamental des papes, le titre de leur puissance, ces fameuses Décrétales qu'ils ont citées, défendues, tant que la critique n'ayant pas les secours de l'imprimerie ne put éclaircir la chose, eh bien ! ces Décrétales même, le pape est obligé d'avouer qu'elles sont un mensonge, un faux [2].

Quoi ! c'est lorsque la papauté s'est désavouée et *démentie sur le fait* fondamental où

[1] Ils diront que ce sont là les sciences de la matière, et qu'ils sont les hommes de l'esprit. — A quoi je réponds : Celui qui ne connaît point le naturel, *n'a pas droit d'en distinguer le surnaturel*, ni d'en décider.

[2] Par l'organe des deux cardinaux et bibliothécaires du Vatican, Bellarmin et Baronius, dont l'un était confesseur du pape.

s'appuie son propre droit, c'est alors que les jésuites réclament pour elle l'infaillibilité *en matière de fait !*

Les jésuites ont été tentateurs et corrupteurs pour les papes, comme pour les rois. Ils ont pris les rois par la concupiscence, les papes par l'orgueil.

Risible et touchant spectacle, de voir ce pauvre petit parti janséniste, si grand alors de génie et de cœur [1], s'obstiner à faire appel à la justice de Rome, et rester agenouillé devant ce juge vendu [2] !

Les jésuites n'étaient pas assez aveugles pour ne pas voir que la papauté, follement relevée

[1] Qui peut voir au Louvre sans émotion le tragique portrait d'Angélique Arnaud ? cette blanche figure, si virginale, si austère, cette transparente lampe d'albâtre, où rayonne la flamme intérieure, la flamme de la grâce... la flamme aussi des combats ! mais comment les en accuser ? persécutés, livrés à ceux que tout le monde méprisait ! la vertu et le génie opprimé par la ruse ! — Je ne vais jamais au Musée sans regarder aussi le touchant tableau de la jeune religieuse de Port-Royal, sauvée par une prière. Ah ! ces filles ont été des saintes, il faut le dire, qu'on aime ou non leur esprit de résistance ; des saintes, et de plus, sous les formes de ce temps-là, les vrais défenseurs de la liberté.

[2] Lire pourtant l'immortelle cinquième lettre de Nicole (Imaginaires et Visionnaires, I, 140), aussi éloquente que les Provinciales, et bien plus hardie.

par eux dans la théologie, baissait misérablement dans le monde politique. Au commencement du siècle, le pape est encore puissant ; il donne le fouet à Henri IV sur le dos du cardinal d'Ossat. Au milieu du siècle, après tout ce grand effort de la guerre de Trente ans, le pape n'est pas même consulté au traité de Westphalie. Au traité des Pyrénées, entre la catholique Espagne et la très-chrétienne France, on oublie que le pape existe.

Les jésuites avaient entrepris la chose impossible; et le principal moyen qu'ils y employaient, l'accaparement des générations nouvelles, n'était pas moins impossible. Là, avait porté leur plus grand effort; ils avaient réussi à mettre dans leurs mains la plupart des enfants nobles ou de familles aisées ; ils avaient fait de l'éducation une machine à rétrécir les têtes, à aplatir les esprits... Mais telle était la vigueur du génie moderne qu'avec le système le plus heureusement combiné pour tuer l'invention, la première génération donne Descartes, la seconde l'auteur du *Tartuffe*, et la troisième Voltaire.

Le pis, c'est qu'à la lueur de ce grand flambeau moderne qu'ils n'avaient pu éteindre, ils se virent eux-mêmes. Ils se connurent et ils commencèrent à se mépriser. Il n'y a personne de si endurci au mensonge, qui puisse se tromper tout à fait soi-même. Ils durent s'avouer que leur probabilisme n'était au fond que le doute et l'absence de tout principe. Ils ne purent s'empêcher de découvrir qu'eux, les chrétiens par excellence, les champions de la foi, ils n'étaient que des sceptiques.

De la foi ? mais de laquelle ? ce n'était pas du moins de la foi chrétienne ; toute leur théologie n'allait à rien moins qu'à ruiner la base sur laquelle porte le christianisme : La Grâce, le salut gratuit par le sang de Jésus-Christ. (V. p. 40.)

Champions d'un principe? non, mais agents d'une entreprise, chargés d'une affaire, et d'une affaire impossible, la restauration de la papauté.

Quelques jésuites, en petit nombre, résolurent de chercher un remède en eux-mêmes à leur avilissement. Ils avouèrent franchement l'urgent besoin de réforme qu'avait la Société. Leur général, un Allemand, osa tenter cette réforme, et mal lui en prit ; la grande majorité des jésuites voulait maintenir les abus ; on lui ôta tout pouvoir [1].

[1] Cet épisode de l'Histoire des jésuites, fort obscurci par eux, a été éclairci par Ranke, d'après les manuscrits.

Ces bons ouvriers qui avaient si bien travaillé à justifier les jouissances des autres, voulurent jouir aussi eux-mêmes. Ils se donnèrent pour général un homme selon leur cœur, aimable, doux et bon, l'épicurien Oliva. Rome, récemment gouvernée par madame Olympia, était dans un moment d'indulgence; Oliva, retiré dans une villa délicieuse, dit : *A demain les affaires*, et laissa la Société se gouverner à sa guise.

Les uns se firent commerçants, banquiers, fabricants de draps, au profit de leurs maisons. D'autres, suivant de plus près l'exemple du pape, travaillèrent pour leurs neveux, firent les affaires de leur famille. Ceux qui avaient de l'esprit, coururent les ruelles, coquetèrent, firent des madrigaux. D'autres s'amusèrent aux commérages de nonnes, aux petits secrets de femmes, aux curiosités sensuelles. Leurs régents enfin, à qui le monde des femmes se trouvait fermé, devinrent trop souvent des Tyrcis, des Corydons de collége; il en résulta en Allemagne un effroyable procès[1], où bon nombre de ces fières et sévères maisons germaniques se trouvaient souillées.

1 Réimprimé en 1843, à petit nombre. M. Nodier m'avait donné cette rareté, infiniment curieuse. Je ne puis la retrouver.

Les jésuites, ravalés si bas, et pour leur théorie et pour leur pratique, grossirent leur parti au hasard des plus étranges auxiliaires. Tout ce qui se déclara ennemi des jansénistes devint leur ami. Là éclata l'immorale inconséquence de la Société, sa parfaite indifférence entre les systèmes. Ces gens qui depuis plus d'un demi-siècle se battaient pour le libre arbitre, s'allièrent brusquement, sans transition, avec les mystiques qui perdaient toute liberté en Dieu. Hier, on leur reprochait de suivre le principe des philosophes et jurisconsultes païens qui donne tout à la justice, rien à la grâce, à l'amour ; et les voilà qui accueillent le quiétisme naissant, le prédicateur de l'amour, le visionnaire Desmarets de Saint-Sorlin.

Desmarets leur avait rendu, il est vrai, des services essentiels. Il réussit à démembrer Port-Royal, en gagnant quelques-unes des religieuses. Il concourut puissamment à perdre le pauvre Morin, autre visionnaire plus original et plus innocent, qui se croyait le Saint-Esprit [1]. Il raconte lui-même comment encou-

[1] Croyance commune au moyen âge. Morin est un homme du moyen âge, égaré dans le dix-septième siècle. Ses *Pensées* (1647) contiennent beaucoup de choses originales et éloquentes ; il y a entre

ragé par le P. Canard (Annat), confesseur du roi, il capta la confiance de cet infortuné, lui fit croire qu'il était son disciple, et en tira des preuves écrites, au moyen desquelles on le fit brûler (1663).

La faveur du tout-puissant confesseur valut aux livres les plus extravagants de Desmarets l'approbation de l'archevêque de Paris. Il s'y déclarait prophète, et se faisait fort de créer, pour le roi et le pape, une armée de cent quarante-quatre mille *dévoués*, chevaliers de l'infaillibilité papale, pour exterminer, de concert avec l'Espagne, les Turcs et les jansénistes.

Ces dévoués, ou *victimes* de l'amour, étaient des gens immolés, anéantis en eux-mêmes, et qui ne vivaient plus qu'en Dieu. Dès lors, ils ne pouvaient faire mal. L'âme, dit-il, étant devenue un rien, ne peut consentir; quoi qu'elle fasse, n'ayant pas consenti, elle n'a pas péché. Elle ne pense pas du tout, ni à ce qu'elle a fait, ni

autres ce beau vers (p. 164) : « Tu sais bien que l'amour change en lui ce qu'il aime. » La vie de Morin était innocente; l'arrêt (si cruel!) ne lui reproche rien sous le rapport des mœurs. — Desmarets le perdit par jalousie; il voulait prophétiser pour son compte, et ne se contenta pas d'être le saint Jean-Baptiste du nouveau Messie.

à ce qu'elle n'a pas fait, car elle n'a rien fait du tout... Dieu étant tout en nous, y fait tout, y souffre tout; le diable ne peut plus trouver la créature, ni en elle-même, car elle est un rien, ni dans ses actes, car elle n'en fait plus... Par une dissolution entière de nous-mêmes, la vertu du Saint-Esprit s'écoule en nous, et nous devenons tout Dieu par une *déiformité* admirable. — S'il y a encore des troubles dans la partie inférieure, la supérieure n'en sait rien; mais ces deux parties subtilisées, raréfiées, finissent par se changer en Dieu, l'inférieure aussi bien que l'autre; *Dieu habite alors avec les mouvements de la sensualité qui sont tous sanctifiés* [1]. »

Desmarets ne s'en tenait pas à imprimer cette doctrine avec privilége du roi et approbation de l'archevêque. Fort de l'appui des jésuites, il prêchait les religieuses, courait les couvents. Tout laïque qu'il était, il s'était fait directeur de filles. Il leur contait ses rêves de galanterie dévote, et s'enquérait de leurs tentations charnelles. Un homme, *si bien anéanti*, semblait pouvoir sans danger écrire les plus étranges choses, le billet suivant par exemple : « Je vous em-

[1] Desmarets de Saint-Sorlin, Délices de l'esprit, 29e journée, p. 170. V. aussi ses Lettres spirituelles, etc.

brasse, ma très-chère colombe, dans votre rien, tout rien que je suis, chacun de nous étant tout dans notre Tout par notre aimable Jésus, etc. »

Quel progrès en quelques années, depuis les Provinciales ! Que sont devenus les casuistes ? Gens simples, qui prenaient les péchés un à un, et par grand effort, effaçaient celui-ci, puis celui-là. Les voilà tous effacés.

La casuistique était un art, qui avait ses maîtres, ses docteurs, ses habiles. Mais maintenant, pourquoi des docteurs ? Tout homme *spirituel*, toute dévote personne, tout jésuite de robe courte, peut, comme celui de robe longue, parler le doux langage des pieuses tendresses. Les jésuites ont baissé, mais le jésuitisme gagne. Il ne s'agit plus de *diriger l'intention* chaque jour pour chaque cas par telle équivoque. L'amour qui mêle et confond tout, c'est la souveraine équivoque, la plus douce, la plus puissante. Endormez la volonté, et il n'y a plus d'*intention*, l'âme « perdant son rien dans son Tout » se laissera doucement anéantir au sein de l'Amour.

## CHAPITRE VI.

Suite de la réaction morale : *Tartuffe*, 1664-1669. Des Tartuffes réels. Pourquoi *Tartuffe* n'est pas encore quiétiste.

---

Le dévot pris en flagrant délit par le mondain, l'homme d'église excommunié par le comédien... Voilà le sens, la portée du *Tartuffe*[1] !

La grande question morale, posée par Platon dans son Tartuffe athénien (l'Euthyphron) : « Sans *justice*, peut-il y avoir de *sainteté ?* » — cette question, si claire d'elle-même, mais

[1] L'apparition du *Tartuffe* et la conquête de Flandre marquent l'apogée littéraire et politique du siècle de Louis XIV. La France, qui jusque-là représente le principe moderne, tourne ensuite contre ce principe, attaque la Hollande, et prépare ainsi de loin le mariage de la Hollande et de l'Angleterre, c'est-à-dire la grandeur de l'Angleterre et sa propre ruine.

si habilement obscurcie par les casuistes, elle fut replacée dans son jour, Le théâtre raffermit la morale religieuse[1], ébranlée dans l'Église.

L'auteur du *Tartuffe* a pris son sujet, non dans la société en général, mais sur un terrain plus étroit, dans la famille, au foyer, au saint des saints de la vie moderne. Ce comédien, cet impie, était l'homme du monde qui avait le plus au cœur la religion de la famille, et la famille lui manqua. Tendre et mélancolique, il disait parfois sur lui-même, dans ses chagrins domestiques, un mot grave qui le caractérise : « J'aurois dû prévoir qu'une chose me rendoit peu propre à la société de famille, *mon austérité*[2]. »

[1] Un esprit fort, Saint-Évremond, écrit à un ami : « Je viens de lire le *Tartuffe*... Si je me sauve, je lui devrai mon salut. La dévotion est si raisonnable dans la bouche de Cléante, qu'elle me fait renoncer à toute ma philosophie ; et les faux dévots sont si bien dépeints, que la honte de leur peinture les fera renoncer à l'hypocrisie. *Sainte piété, que vous allez apporter de bien au monde !* » Lettre citée dans l'édition de M. Aimé-Martin (1837), t. III, p. 125.

[2] V. sa Vie, par Grimarest, l'ingénieuse notice de M. Génin (Plutarque français), et l'important travail de M. E. Noël, sur la *biographie de Molière, trouvée dans ses comédies même* (sous presse).

Le *Tartuffe*, cette grande et sublime fresque, est d'un dessin très-simple. Plus nuancée, elle aurait été moins populaire. La *restriction mentale*, et la *direction d'intention*, deux choses dont tout le monde riait depuis les Provinciales, ont suffi à Molière. Il n'a pas osé mettre sur la scène le nouveau mysticisme, trop peu connu encore ou trop dangereux.

Peut-être s'il eût employé le jargon de Desmarets et des premiers quiétistes, s'il eût mis dans la bouche de Tartuffe leurs tendresses mystiques, il lui serait arrivé ce qui advint pour le sonnet ridicule du *Misanthrope*, le parterre aurait admiré.

La veille de la première représentation du *Tartuffe*, Molière lut la pièce à Ninon, « et pour le payer en même monnoie, elle lui conta une aventure semblable qui lui étoit arrivée avec un scélérat de cette espèce, dont elle lui fit le portrait avec des couleurs si vives et si naturelles que, si la pièce n'eût pas été faite, disoit-il, il ne l'auroit jamais entreprise. »

Que pouvait-il donc manquer à ce chef-d'œuvre, à ce drame si profondément conçu, si puissamment exécuté ? Rien sans doute que ce qui était exclu par la situation religieuse du temps et par les habitudes de notre théâtre.

Une chose, impossible à montrer dans un drame si court (et qui pourtant constitue le vrai procédé de Tartuffe), c'était le manége préparatoire, les longs circuits par lesquels il arrive, la patience dans la ruse, la lente fascination.

Tout est fort ici, mais un peu brusqué. Cet homme reçu par charité dans la maison, ce bas coquin, ce glouton qui mange comme six, ce maraud *qui a l'oreille rouge*, comment s'enhardit-il si vite, et vise-t-il si haut ? La déclaration d'un tel homme à une telle dame, d'un gendre prétendu à sa future belle-mère, étonne à la lecture. A la scène, peut-être, on s'y prête mieux.

Elmire, quand l'homme de Dieu lui fait à brûle-pourpoint cet aveu surprenant, n'est nullement préparée à l'entendre. Un vrai Tartuffe eût mené bien autrement la chose ; humble et patient, il se fût lentement posé dans la maison. Il aurait attendu le moment favorable. Si, par exemple, Elmire eût éprouvé les indiscrétions, les légèretés des amants mondains dont parle Tartuffe, alors brisée de ces épreuves, énervée, faible et lasse, il l'eût abordée; alors, peut-être se serait-elle laissé dire, dans le doux jargon quiétiste, bien des choses qu'elle ne peut entendre au moment où la prend Molière.

Mlle Bourignon, dans sa curieuse Vie qu'on devrait bien réimprimer, raconte dans quel péril elle se trouva, par suite de sa confiance pour un saint de cette espèce. Je la laisse conter elle-même. Il faut savoir seulement, avant tout, que la pieuse demoiselle, qui venait d'hériter, songeait à employer ce bien en œuvres pies, par exemple en dotations de couvents.

« Un jour, étant dans les rues de Lille, je fis rencontre d'un homme que je ne connoissois pas, lequel me dit en passant : Vous ne ferez point ce que vous voulez ; vous ferez ce que vous ne voulez pas. Deux jours après, le même homme vint chez moi, et me dit : Qu'avez-vous pensé de moi ? — Que vous étiez, répondis-je, ou un fol, ou un prophète. — Ni l'un, ni l'autre ; je suis un pauvre garçon d'un village près de Douai, je m'appelle Jean de Saint-Saulieu ; je n'ai nulle étude que celle de la charité. J'ai vécu d'abord avec un ermite, et maintenant j'ai pour directeur mon curé, M. Roussel... J'enseigne à lire aux enfants pauvres... La plus belle charité que vous puissiez faire, c'est de recueillir les petites filles orphelines; il y en a tant depuis les guerres ! Les couvents sont assez riches. — Il parla trois heures de suite avec beaucoup d'onction.

« Je m'informai de lui au curé, qui le dirigeoit, et qui m'assura que c'étoit un homme d'un zèle tout apostolique (*Remarquons que le curé avait essayé d'abord de gagner la riche héritière pour un sien neveu; le neveu ayant échoué, il poussait sa créature*). Saint-Saulieu revenoit souvent et parloit divinement des choses spirituelles ; je ne comprenois pas comment un homme sans étude pouvoit parler d'une manière si élevée des divins mystères. Je le croyois vraiment inspiré du Saint-Esprit. Lui-même il disoit qu'il étoit mort à la nature. Il avoit été soldat, et il étoit revenu de la guerre aussi vierge qu'un enfant. A force d'abstinence, il avoit perdu le goût des aliments, des boissons, et ne savoit plus distinguer le vin de la bière ! Il passoit la meilleure partie du temps à genoux dans les églises. On le voyoit marcher, dans la rue, l'air modeste et les yeux baissés, sans rien regarder, et comme s'il eût été seul au monde. Il visitoit les pauvres, les malades, et donnoit tout ce qu'il avoit. L'hiver, voyoit-il un pauvre sans vêtement, il l'attiroit à l'écart, ôtoit son habit et le lui donnoit... Mon cœur étoit dans la joie de voir qu'il y avoit encore de tels hommes au monde; j'en remerciois Dieu, et je pensois avoir trouvé là un autre moi-même... Des prêtres et autres personnes pieuses avoient la même confiance, ils alloient le consulter, et en recevoient de bons conseils.

« J'avois grande répugnance à sortir de ma solitude pour faire cet hospice d'enfants, que me conseilloit Saint-Saulieu. Mais il m'amena un marchand qui avoit commencé la même chose, et qui m'offrit une maison où il avoit déjà retiré quelques pauvres petites filles. J'y entrai en novembre 1653. Je nettoyai ces enfants qui étoient sales à faire horreur. J'eus bien du mal, n'ayant personne avec moi qui aimât le travail. Mais enfin, je fis une règle, m'y assujettis moi-même, mettant tout en commun et mangeant à la même table. Je me tenois solitaire, autant que je le pouvois; mais j'étois obligée de parler à toute sorte de personnes. Des religieux venoient, des dévotes, dont les entretiens ne me plaisoient guère... Je fus deux ou trois fois malade à la mort.

« La maison où Saint-Saulieu enseignoit ayant été détruite, et lui renvoyé, il se retira chez le marchand dont j'ai parlé. Ils me sollicitèrent d'aider à faire un hospice, comme le mien, pour les garçons. Pour en faire les premiers fonds, Saint-Saulieu devoit prendre à ferme un bureau de la ville, qui valoit deux mille francs par an, et dont le revenu seroit pour cette fondation. Je me portai caution pour lui. Il reçut un an, et dit alors qu'il falloit, avant de rien commencer, recevoir encore une année pour avoir de quoi meubler la maison. Cela faisoit quatre mille francs; quand il en eut gagné six mille, il les garda, disant que c'étoit le fruit de son travail et qu'il l'avoit bien gagné.

« Je n'avois pas attendu cela pour entrer en défiance. J'avois eu, au sujet de cet homme, d'étranges vues intérieures. Je vis un jour un loup noir qui se jouoit avec une petite brebis blanche. Un autre jour, je voyois le cœur de Saint-Saulieu, et un petit enfant Maure, avec couronne et sceptre d'or, qui étoit assis dessus, comme si le Diable eût été le roi de son cœur. Je ne lui cachai pas ces visions; mais il s'emporta, et dit que je devois me confesser de penser si mal du prochain, qu'il n'avoit garde d'être un loup noir, qu'au contraire, à m'approcher, il devenoit tout blanc et chaste de plus en plus.

« Un jour pourtant, il me dit que nous devrions bien nous marier, en gardant la virginité; que dans cette union, nous pourrions faire plus de bien. A quoi je répondis qu'une telle union n'exigeoit point le mariage. Il me faisoit cependant de petites démonstrations d'amitié, auxquelles d'abord je ne pris pas garde. Enfin, il se découvrit tout à coup, dit qu'il m'aimoit éperdument, que depuis plusieurs années il avoit étudié les livres spirituels pour mieux me gagner, que maintenant ayant eu tant d'accès auprès de moi, je devois être sa femme ou par amour, ou par force... Et il s'approcha pour me caresser. Je me mis fort en colère, et lui ordonnai de sortir... Alors il fondit en larmes, tomba à genoux, et me dit : « C'est le Diable qui m'a tenté. » Je fus assez bonne pour le croire, et lui donnai son pardon.

« La chose n'en resta pas là, il recommençoit toujours. Il me suivoit partout, il entroit dans la maison, malgré mes filles. Il alla jusqu'à me mettre un couteau sous la gorge pour m'obliger de céder... En même temps, il disoit partout qu'il m'avoit eue, « que j'étois sa femme de promesse. » Je m'en plaignis en vain à son confesseur, puis à la justice, qui me donna deux hommes de garde dans ma maison, et se mit à informer. Saint-Saulieu ne tarda pas à quitter Lille et partit pour Gand, où il trouva une de mes filles, fort dévote et qui passoit pour un miroir de perfection ; il vécut avec elle, si bien qu'elle devint enceinte... Ce qui avoit arrangé son affaire à Lille, c'est qu'il avoit un frère chez les jésuites ; ils employèrent leurs amis, et il en fut quitte pour payer les frais de justice, rétracter ses médisances et reconnoître que j'étois une fille de bien [1]. »

Ceci eut lieu de 1653 à 1658, par conséquent peu d'années avant la représentation du *Tartuffe* de Molière, qui donna les trois premiers actes en 1664. Tout porte à croire que l'aventure n'était pas rare à cette époque. Tartuffe, Orgon, tous les personnages de cette pièce vraiment historique, ne sont point des êtres abstraits, de pures créations d'art, comme les héros de Corneille ou de Racine ; ce sont des hommes réels et pris sur le vif.

Ce qui frappe dans le Tartuffe flamand de Mlle de Bourignon, c'est sa patience d'étudier et apprendre les mystiques pour en parler le

[1] J'ai abrégé et fondu les deux récits de Mlle de Bourignon. V. à la suite du t. I de ses OEuvres (Amsterdam, 1686), p. 68-80, et 188-197.

langage, c'est la persévérance avec laquelle il s'associa, plusieurs années durant, aux pensées de la pieuse fille.

Si Molière n'eût pas été resserré dans un cadre si étroit, si son Tartuffe eût eu le temps de mieux préparer ses approches, s'il eût pu (chose alors trop dangereuse sans doute) prendre le manteau de Desmarets et du quiétisme naissant, il aurait serré la place de plus près, avant d'être découvert. Il n'aurait pas, presque au début, fait à la personne qu'il s'agit de séduire, l'aveu le moins séduisant, à savoir, qu'il est un fourbe. Il n'eût pas hasardé ce mot : « Si ce n'est que le ciel » (acte IV, scène 5). Au lieu de démasquer brusquement cette laideur de corruption, il ne l'aurait découverte qu'en la fardant peu à peu. D'équivoque en équivoque, par une traduction adroite, il eût fait que la corruption semblât la perfection... Que sais-je? il lui serait arrivé peut-être à la longue, ce qui est advenu à plusieurs, de n'avoir plus besoin d'être hypocrite, mais de finir par se donner le change, se tromper, se séduire, se croire un saint... C'est alors qu'au suprême degré, il eût été Tartuffe, l'étant, non pour le monde seulement, mais pour Tartuffe lui-même, ayant parfaitement brouillé en lui toute lumière du bien, et se reposant dans le mal avec la sécurité d'une ignorance, voulue d'abord, mais devenue naïve.

# CHAPITRE VII.

Apparition de Molinos, 1675. Son succès à Rome. — Quiétistes français. M$^{me}$ Guyon; son directeur. *Les Torrents*, la mort mystique. En revient-on ?

Le *Guide spirituel* de Molinos parut à Rome en 1675. Préparé depuis vingt ans par diverses publications de même tendance, hautement approuvé par les inquisiteurs de Rome et d'Espagne, ce livre eut un succès unique en ce siècle ; en douze ans, il fut traduit et réimprimé vingt fois [1].

Il ne faut pas s'étonner si ce *guide* vers l'anéantissement, cette méthode pour mourir, fut

[1] C'est le témoignage que lui rend son enthousiaste admirateur, l'archevêque de Palerme (en tête de la trad. latine, 1687).

reçu si avidement; il y avait dès lors dans toute l'Europe, un grand sentiment de fatigue. Ce siècle, encore loin de sa fin, aspire déjà au repos. Il y paraît à ses doctrines. Le Cartésianisme qui lui donna l'élan, devient inactif et contemplatif en Malebranche (1674). Spinosa dès 1670, a immobilisé Dieu, l'homme et le monde dans l'unité de la substance. En 1676, Hobbes donne sa théorie de fatalisme politique.

Spinosa, Hobbes et Molinos, la mort en métaphysique, la mort en politique, en morale! Quel lugubre chœur! Ils s'accordent sans se connaître, sans s'entendre; ils semblent se répondre d'un bout de l'Europe à l'autre!

La pauvre liberté humaine n'a que le choix du suicide, soit qu'au nord elle se laisse pousser par la logique aux abîmes de Spinosa, soit qu'au midi, gagnée à cette douce voix de Molinos, elle s'endorme dans la maremme, pour ne pas se réveiller.

Le siècle est pourtant dans son éclat, dans tout son triomphe. Il faut du temps pour que ces pensées de découragement et de mort passent des théories dans les faits, et que la politique participe à cette langueur morale.

Moment délicat, intéressant dans toute vie,

entre l'âge de force croissante, et l'âge, brillant encore, où la force baisse, où la descente commence imperceptiblement... Au mois d'août, les arbres ont toutes leurs feuilles, mais enfin elles se nuancent, plus d'une a pâli, et dans leur été splendide vous pressentez leur automne.

Déjà, depuis quelque temps, un vent tiède et fiévreux soufflait du midi, de l'Italie, de l'Espagne; l'Italie était trop morte, trop avant dans le sépulcre, pour pouvoir même produire une doctrine de mort. Ce fut un Espagnol établi à Rome, dans la langueur italienne, qui donna cette théorie, et qui en tira la méthode pratique. Encore fallut-il que ses disciples l'obligeassent d'écrire et de publier. Pendant vingt ans, Molinos s'était contenté de semer à petit bruit sa doctrine dans Rome; il la portait tout doucement de palais en palais. La théologie du repos allait merveilleusement à la ville des catacombes, à cette ville de silence où dès lors on n'entendait guère « qu'un petit bruissement de vers au sépulcre. »

Quand l'Espagnol vint à Rome, elle sortait à peine du pontificat féminin de M^me^ Olympia. Le *Jesù* lui-même dormait dans les mains délicates de son général Oliva, parmi les *vignes* somptueuses, les fleurs exotiques, les lis et les roses. C'est à ces Romains assoupis, à cette noblesse oisive, à ces belles paresseuses qui vivent couchées et l'œil demi-clos, que vient vers le soir parler Molinos... Faut-il dire *parler*? Cette voix basse, muette, pour ainsi dire, se confond pour eux, dans ce demi-sommeil, avec leur rêve intérieur.

Le quiétisme eut un tout autre caractère en France. Dans un pays vivant la théorie de mort montra de la vie. On employa infiniment d'activité à prouver qu'il ne fallait plus agir. Cela fit tort à la doctrine. Le bruit, la lumière lui nuisirent. Amie des ténèbres, la plante délicate voulait croître à l'ombre. Sans parler du chimérique Desmarets, qui ne pouvait que rendre une opinion ridicule, Malaval parut entrevoir que, par la nouvelle doctrine, le christianisme était dépassé. Au sujet du mot de Jésus : *Je suis la voie*, il lui échappe une parole étonnante en ce siècle : « Puisqu'il est la voie, passons par lui ; *mais celui qui passe toujours, n'arrive jamais*[1]. »

[1] Malaval, Pratique facile, 1670. La première partie avait été déjà imprimée deux fois.

Nos quiétistes français, dans leurs lucides analyses, dans leurs riches et féconds développements, firent connaître pour la première fois ce qu'on devinait à peine sous la forme obscure que le quiétisme avait prudemment conservée dans les autres pays. Bien des choses, qui semblaient en germe, à peine ébauchées, apparurent chez Mme Guyon dans leur épanouissement; ce fut une lumière complète, un soleil en plein midi. La pureté singulière de cette femme la rendait intrépide dans l'exposition des idées les plus dangereuses. Pure d'intérêt, elle le fut aussi d'imagination. Elle n'eut jamais besoin de se représenter sous forme matérielle l'objet de son pieux amour[1]. C'est ce qui élève son mysticisme bien au-dessus des grossières et sensuelles dévotions du Sacré-Cœur, commencées par la visitandine Marie Alacoque vers le même temps. Mme Guyon fut trop spirituelle pour donner figure à son Dieu, elle aima vraiment un esprit. De là, une confiance, une hardiesse illimitée. Elle aborde bravement, sans se douter qu'elle est brave, les pas les plus hasardeux; elle va en haut

[1] V. sa Vie écrite par elle-même (Cologne, 1720), t, I, p, 80 : Mon oraison fut dès lors vide de toutes formes, espèces et images. — V. aussi la p. 83, contre les visions.

et en bas, jusqu'aux lieux les plus évités; là où tout le monde s'effraye et s'arrête, elle va encore, semblable à la lumière qui éclaire toute chose, sans pouvoir jamais se souiller elle-même.

Ces hardiesses, innocentes dans une femme si pure, n'en eurent pas moins sur les faibles une dangereuse action. Son confesseur, le P. Lacombe, fit naufrage en cet abîme, s'y absorba, y périt. La personne et la doctrine l'avaient troublé également. Tout ce que nous savons de ses rapports avec elle, trahit une étrange faiblesse, qu'elle semble à peine, des hauteurs où elle planait, avoir daigné remarquer. Dès la première fois qu'il la vit, jeune alors, encore mariée, et soignant son vieux mari, il fut si vivement pris au cœur qu'il se trouva mal. Depuis, devenu son humble disciple, sous le nom de directeur, il la suivit partout dans sa vie aventureuse en France, en Savoie. Il ne la quittait d'un pas, « et n'eût pu dîner sans elle. » Il était parvenu à s'en faire faire un portrait. Arrêté, en même temps qu'elle, en 1687, il fut dix ans prisonnier dans les forts des Pyrénées. En 1698, on profita de son affaiblissement d'esprit pour lui faire écrire à M^me^ Guyon une lettre compromettante [1]: « Le pauvre homme, dit-elle en riant, est devenu fol. » Il l'était si bien que, peu de jours après, il mourut à Charenton.

Cette folie m'étonne peu quand je lis les *Torrents* de Mme Guyon, ce livre bizarre, charmant et terrible. Il faut que j'en dise un mot.

Quand elle l'écrivit, elle se trouvait à Annecy, au couvent des *nouvelles converties*. Elle avait laissé son bien à sa famille, et le petit revenu qu'elle se réservait, elle le donnait aussi à cette maison religieuse, où on la traitait fort mal. Cette femme délicate qui avait passé sa vie dans le luxe, était obligée de travailler des mains au delà de ses forces, de blanchir et de balayer. Le P. Lacombe, alors à Rome, lui avait recommandé d'écrire ce qui lui viendrait à l'esprit : « C'est pour obéir, dit-elle, que je vais commencer à écrire ce que je ne sais pas moi-même. » Elle prend une rame de papier, et en tête elle écrit ce mot : *Les Torrents*.

Ainsi que les torrents des Alpes, les ruisseaux, les fleuves, les rivières et toutes les eaux qui en descendent, courent de toute leur force à la mer, de même nos âmes, par un effet

[1] V. la Correspondance de Bossuet, la Relation de Phélippeaux, etc.

de leur pente spirituelle, ont hâte de retourner et de se perdre en Dieu. Cette comparaison des eaux vives n'est pas pour elle un simple texte qui serve de point de départ; elle la suit, dans presque tout le volume, avec une grâce toujours renaissante. Il semble que cet aimable bavardage doit pourtant lasser, à la longue; mais point, on sent trop qu'une telle facilité n'est pas celle de la langue, qu'elle a sa source dans le cœur. C'est évidemment une femme ignorante; elle n'a lu que l'Imitation, la Philothée de saint François, quelques contes, et Don Quichotte. Elle ne sait rien du tout, et elle n'a pas vu grand'chose. Ces *Torrents* même qu'elle décrit, elle ne les observe pas dans les Alpes où elle est alors; elle les voit en elle-même; elle regarde la nature dans le miroir de son cœur.

On lit ce livre absolument comme au bord de la cascade on entendrait, rêveur, le gazouillement des eaux. Elles tombent toujours et toujours, avec douceur, avec charme, variant leur uniformité de mille accidents de bruit, de lumière... De là, vous voyez venir des eaux de toute sorte (images des âmes humaines), des rivières qui se contentent de gagner d'autres rivières, des fleuves qui se rendent à la mer, mais lentement, de grands fleuves majestueux, tout chargés de voyageurs, de bateaux, de marchandises, et qui sont admirés, bénis pour les services qu'ils rendent (ces fleuves sont les âmes des saints et des grands docteurs). Il y a aussi des eaux plus pressées, plus rapides, qui ne sont bonnes à rien, où l'on n'ose naviguer, qui courent et se précipitent, tant elles ont impatience de se rendre à la grande mer... Ces eaux-là ont de terribles chutes, *et elles se salissent parfois*. Parfois, elles disparaissent... Ah! pauvre torrent, qu'es-tu devenu?.. Il n'est pas perdu encore; il revient à la surface, mais pour se perdre de nouveau; il est bien loin d'arriver; il faut qu'auparavant il soit brisé sur les rochers, dispersé, comme anéanti...

Quand elle a mené son torrent à cette suprême chute, la comparaison des eaux vives lui fait défaut, elle la quitte; le torrent redevient une âme. Nulle image de la nature ne pouvait exprimer ce que cette âme va souffrir... Là commence un drame étrange, où il semble que personne n'ait osé s'aventurer jusque-là, celui de *la mort mystique*. On trouve bien dans les livres antérieurs un mot ici et là sur ce ténébreux sujet. Mais personne encore n'avait creusé à ce point le tombeau, la fosse profonde où l'âme va s'ensevelir. Mme Guyon met une sorte de complaisance, de persévérance, j'allais dire d'acharnement, à fouiller toujours plus bas, à trouver, par delà toutes les idées funèbres, un trépas plus définitif, une mort plus morte encore.

Il y a là bien des choses qu'on n'attendrait nullement d'une main de femme; la passion, dans son entraînement, oublie les réserves... Cette âme qui doit périr, l'amant divin lui ôte d'abord ses parures, les dons qui l'ornaient; il lui arrache ses vêtements, c'est-à-dire les vertus dont elle s'était enveloppée... O honte ! elle se voit nue et ne sait plus où se mettre !... Ce n'est pas assez encore, on lui ôte sa beauté; horreur ! elle se voit laide. Effarouchée, vagabonde, elle court, elle se salit. Plus elle court vite à Dieu, « plus elle se souille aux endroits pleins de boue qu'il faut passer. » Pauvre, nue, laide et souillée, elle perd le goût de toute chose, l'entendement, la mémoire, la volonté; enfin, sous la volonté même, elle perd un je ne sais quoi « qui est son favori » et qui lui tiendrait lieu de tout (l'idée qu'elle est enfant de Dieu)... C'est là proprement *la mort*, où elle doit arriver. Que personne, ni directeur, ni autre, ne soulage celle-ci. Il faut qu'elle meure, il faut qu'elle soit mise en terre, qu'on la foule et marche dessus, qu'elle se gâte, qu'elle pourrisse, qu'elle souffre l'odeur, la puanteur du cadavre, — jusqu'à ce que la pourriture devenant cendre et poussière, il subsiste à peine rien qui rappelle que l'âme ait été jamais.

Ce qui fut l'âme, si cela songe encore, doit songer apparemment qu'il ne lui reste qu'à se tenir immobile au sein de la terre. Mais voici pourtant qu'elle a senti quelque chose de surprenant !... Serait-ce que le soleil, par une fente du tombeau, aurait dardé quelque rayon?.. Pour un petit moment peut-être ?... Non, l'effet dure, la morte se réchauffe ; elle reprend quelque vigueur, une sorte de vie... — Mais celle-ci n'est plus sa vie propre, c'est *la vie en Dieu.* Elle n'a plus rien à elle, ni volonté, ni désir. Qu'a-t-elle à faire pour posséder ce qu'elle aime? Rien, rien, et toujours rien... — Dans cet état, peut-elle avoir des défauts? Sans doute, elle en a, elle les connaît, mais ne fait rien pour s'en défaire[1] ; il faudrait pour cela qu'elle revînt,

[1] Mme Guyon, *les Torrents* (Opuscules, Cologne, 1701), p. 291.

comme autrefois, à s'occuper d'elle-même. « Ce sont petits nuages qu'elle doit laisser se dissiper. L'âme a maintenant Dieu pour âme, il est désormais son principe de vie, *lui est un et identique*.

« Dans cet état, rien d'extraordinaire. Point de visions, de révélations, d'extases, de ravissement. Tout cela n'est point dans cette voie, qui est simple, pure et nue, n'y voyant rien qu'en Dieu, *comme Dieu se voit*, et par ses yeux. »

Le livre finit ainsi, après tant de choses immorales et dangereuses, dans une pureté singulière, dont la plupart des mystiques n'ont pas approché. Une douce renaissance, sans vision ni extase, une vue divinement nette et sereine devient le partage de l'âme qui aura traversé tous les degrés de la mort.

A entendre Mme Guyon, la vie brisée, souillée, détruite, se réveillera en Dieu. Celui qui a passé toutes les horreurs du sépulcre, qui, de vivant s'est fait cadavre, qui a communié avec les vers, qui, devenu pourriture, est tombé à l'état de cendre et de terre, celui-là pourra reprendre la vie et refleurir au soleil !

Quoi de moins croyable ? de moins conforme à la nature ? Elle-même se trompe et nous trompe par une équivoque. La vie qu'elle nous promet, après ce trépas, ce n'est pas la nôtre ; à notre personnalité éteinte, effacée, anéantie, une autre succédera, infinie, parfaite, je le veux bien, mais enfin qui n'est pas nous.

Je n'avais pas lu les *Torrents*, quand tout cela me fut pour la première fois représenté à l'esprit. Je montais le Saint-Gothard, et j'avançais à la rencontre de cette violente Reuss, qui descend la montagne d'une course si furieuse. Je m'associais malgré moi d'imagination au travail terrible par lequel elle perce sa route à travers les rocs qui la serrent, lui barrent le passage. J'étais effrayé de ses chutes, des efforts qu'elle semble faire, comme une pauvre âme en peine, pour se fuir, se cacher, ne plus se voir. Elle se tord, au Pont-du-Diable; et justement au point où elle tourne en se tordant, lancée d'une hauteur immense au fond de l'abîme, elle cesse un moment d'être rivière ; ce n'est qu'une tempête entre ciel et terre, une glaciale vapeur, un affreux vent de frimas, qui brouille la noire vallée... Montez plus haut, montez encore. Vous traversez une caverne, vous passez un roc creusé. Et voilà que le bruit cesse; c'en est fait de ce grand combat. Il y a paix, il y a silence... Et la vie? recommence-t-elle? Après cette lutte de mort, trouvez-vous la renaissance?.. Pâle est la prairie, plus de fleurs, l'herbe est rare et pauvre. Rien d'animé qui remue, pas un oiseau au ciel, pas un insecte à terre. Vous revoyez le soleil, il est vrai, mais sans rayon, sans chaleur.

## CHAPITRE VIII.

Fénélon, comme directeur. Son Quiétisme : *Maximes des saints*, 1697. Fénélon et Mme de la Maisonfort.

---

Mme Guyon n'était pas apparemment la personne extravagante et chimérique dont parlent ses ennemis, puisqu'en arrivant de Savoie à Paris, elle sut prendre et gagner tout d'abord l'homme le plus capable de faire goûter ses doctrines, un homme de génie, qui de plus avait infiniment d'esprit et d'adresse, et qui, par-dessus ces mérites, avait ce qui dispense au besoin de tout mérite, se trouvant à ce moment le directeur à la mode.

A cette nouvelle Chantal il fallait un saint François de Sales ; elle le trouva dans Fénélon, moins serein, moins innocent, il est vrai, moins rayonnant d'enfance et de grâce séraphique, mais singulièrement noble et fin, subtil, éloquent, contenu, très-dévot, très-politique[1].

Elle mit la main sur lui, le saisit, l'enleva sans difficulté. Ce grand et bel esprit, qui contenait toute chose, et toute contradiction, eût probablement flotté toujours, sans cette impulsion puissante qui le jeta d'un côté. Jusque-là il avait varié entre les opinions diverses, entre les partis et les corps opposés, en sorte que chacun le revendiquait comme sien, et croyait l'avoir. Courtisan assidu de Bossuet dont il se disait le disciple et qu'il ne quittait d'un pas dans ses retraites de Meaux, il n'en était pas moins ami des Jésuites, et, entre les deux, il tenait encore étroitement Saint-Sulpice. Dans sa théologie, inclinant tour à tour à la grâce, au libre arbitre, imbu des plus vieux mystiques et plein des pressentiments du dix-huitième siècle, il semble avoir eu, sous sa foi, des coins obscurs de scepticisme qu'il se gardait de son-

[1] V. le savant Tabaraud (*Supplément à l'histoire de Bausset*, 1832), et l'appréciation, très-fine, très-judicieuse, de deux excellents critiques, M. Monty (*De M. le duc de Bourgogne*), et M. Thomas (*Une province sous Louis XIV*).

der. Tous ces élémens divers, sans pouvoir se fondre, s'harmonisaient au dehors dans l'ondulation gracieuse du plus élégant, du plus bel esprit qui se rencontra jamais. Grec et chrétien, il rappelle à la fois les Pères, les philosophes et les romanciers de l'époque Alexandrine, et parfois, voilà tout à coup que le sophiste devient un prophète, et, dans un sermon, s'envole sur les ailes d'Isaïe.

Tout porte à croire, avec cela, que l'étonnant écrivain fut encore dans Fénélon la moindre partie ; il fut *directeur* avant tout. Qui peut dire par quel enchantement il prenait, ravissait les âmes ?... On l'entrevoit dans le charme infini de sa correspondance, toute mutilée qu'elle est[1] ; nulle autre n'a été plus cruellement émondée, purgée, obscurcie à dessein. Eh bien, dans ces fragments, dans ces restes épars, la séduction est toute-puissante encore ; outre la noblesse de forme, le tour vif et fin, où le grand-seigneur se sent très-bien sous l'apôtre, il y a ce qui n'est qu'à lui, une délicatesse de femme qui n'exclut nullement la force, et, dans la subti-

[1] Un évêque, alors inspecteur de l'Université, s'est vanté devant moi (et devant plusieurs personnes qui le témoigneraient au besoin), d'avoir brûlé des lettres de Fénélon.

lité même, je ne sais quoi de tendre et de pénétrant. Jeune, avant d'être précepteur de M. le duc de Bourgogne, il avait longtemps dirigé les *nouvelles converties*. Là, il avait eu le loisir de bien étudier les femmes, et d'acquérir cette parfaite connaissance de leur cœur que personne n'eut comme lui. L'intérêt passionné qu'elles prirent à sa fortune, les pleurs du petit troupeau, des duchesses de Chevreuse, de Beauvilliers, etc., quand il manqua l'archevêché de Paris, leur fidélité obstinée pour ce guide bien-aimé dans son exil de Cambrai qui dura jusqu'à la mort, tout cela supplée assez les lettres perdues, et donne une étrange idée du tout-puissant magicien dont rien ne pouvait rompre l'invincible enchantement.

Introduire une spiritualité si raffinée, si haute, une telle prétention à la perfection suprême, dans ce monde convenu, cérémoniel de Versailles, et cela à une fin de règne où tout semblait glacé, quelle entreprise téméraire ! Il ne s'agissait pas de se laisser aller, comme Mme Guyon dans sa solitude des Alpes, aux *torrents* de l'amour divin. Il fallait mettre les apparences du bon sens, les formes de la raison jusque dans la folie de l'amour ; il fallait, comme dit le comique ancien, *délirer avec règle et mesure.* C'est ce qu'essaya Fénélon dans les *Maximes des Saints*. Molinos condamné, M^me Guyon emprisonnée à Vincennes, l'instruisaient assez; il se prononça, mais prudemment, et garda dans la forme, tout en se décidant, un reste d'indécision.

Néanmoins, avec toute son habileté, son adresse et ses replis, s'il diffère des quiétistes absolus qu'il affecte de condamner, c'est moins pour le fonds de la doctrine que pour le degré où il admet la doctrine. Il croit faire beaucoup en disant que l'état de quiétude où l'âme perd l'activité, n'est pas un état *perpétuellement* passif, mais passif *habituellement*. En reconnaissant l'inaction comme supérieure à l'action, et comme l'état parfait, ne fait-il pas désirer que l'inaction soit perpétuelle ?

Cette âme, *habituellement* passive, selon lui, se concentre en haut, laissant au-dessous d'elle la partie inférieure, dont les actes sont d'un trouble entièrement *aveugle* et involontaire. *Ces actes étant toujours censés volontaires*, il avoue que la partie supérieure en reste responsable. C'est donc elle qui les règlera ? Nullement, elle est absorbée dans sa haute quiétude. Qui donc, à son défaut, s'en mêle? qui empêche le désordre dans cette sphère d'en bas où l'âme ne descend plus? Il le dit expressément : *C'est le directeur* [1].

Que dans la théorie il modifie Molinos, cela est moins important qu'il ne semble. Le côté spéculatif qui occupe tant Bossuet, n'est pas le plus essentiel dans un point où la pratique est si directement intéressée. Ce qui est grave, c'est que Fénélon, aussi bien que Molinos, après avoir posé un grand échafaudage de règles, n'a pas assez de ces règles; à chaque instant il appelle le secours du directeur. Il établit un système, mais ce système ne peut aller seul, il y faut la main de l'homme. Cette inerte théorie exige de moment en moment le supplément d'une consultation spéciale, d'un expédient empirique. Le directeur est pour l'âme comme une âme supplémentaire, qui, pendant qu'elle dort sur la montagne, règle et conduit tout pour elle dans ce misérable monde d'en bas, qui n'est pas moins après tout que celui des réalités.

L'homme donc, et toujours l'homme! C'est ce que vous trouvez au fond de leurs doctrines, en les serrant et les pressant. C'est l'*ultima ratio*

[1] Maximes des Saints, article 14 ; et 8, 20, 39, 45.

de leurs systèmes. Leur théorie est telle, telle aussi leur vie.

Je laisse ces illustres adversaires, Fénélon et Bossuet, se battre pour les idées. J'aime mieux observer leur pratique. Là, je vois que la doctrine est peu, l'homme beaucoup. Quiétistes, anti-quiétistes, ils ne diffèrent pas essentiellement dans leur méthode d'envelopper l'âme; d'assoupir la volonté.

Sous le combat des théories, avant même qu'il ne commençât, il y en eut un, personnel, fort curieux à observer. L'enjeu du combat, si j'ose ainsi parler, la conquête spirituelle que se disputèrent les deux partis, fut une femme, une âme charmante, pleine d'élan et de jeunesse, de vivacité imprudente et de loyauté naïve[1]. C'était une nièce de Mme Guyon, une demoiselle qu'on appelait madame (elle était chanoinesse) de La Maisonfort. Cette demoiselle, noble et pauvre, maltraitée par une belle-mère et un père remarié, était tombée dans les froides et politiques mains de Mme de Maintenon. Soit

[1] Singulière destinée que celle de cette jeune fille, dont Racine essuie un jour les larmes (elle jouait Élise dans *Esther*), et que Fénélon et Bossuet ont fait tant pleurer! V. M. de Noailles, *Saint-Cyr*, p. 113 (1843).

vanité de fonder, soit comme moyen d'amuser un vieux roi peu amusable, elle faisait alors Saint-Cyr, pour les demoiselles nobles. Elle savait que le roi était toujours sensible aux femmes, et ne lui laissait guère voir que des vieilles ou des enfants. Les pensionnaires de Saint-Cyr, qui dans l'innocence de leurs jeux récréaient les yeux du vieillard, lui rappelaient un autre âge, et lui offraient une douce et peu dangereuse occasion de galanterie paternelle.

Mme de Maintenon, qui dut, comme on sait, sa singulière fortune à une certaine harmonie décente des qualités médiocres, chercha quelque chose d'éminemment médiocre, si l'on peut parler ainsi, pour gouverner cette maison. Elle ne pouvait trouver mieux que chez les Sulpiciens et les Lazaristes. Le sulpicien Godet, qu'elle prit pour son directeur et pour directeur de Saint-Cyr, était un cuistre de mérite; c'est à peu près la définition qu'en donne Saint-Simon qui en fait cas. Mme de Maintenon vit en lui le prêtre sec et littéral qui pouvait la rassurer contre toute excentricité. Avec celui-là, on pouvait dormir tranquille; entre les deux hommes de génie qui influaient à Saint-Cyr, le janséniste

Racine et le quiétiste Fénélon [1], elle préféra Godet.

On ne saurait pas cette histoire, qu'à voir seulement la maison de Saint-Cyr, on y reconnaîtrait sans peine le vrai domicile de l'ennui. L'âme de la fondatrice, cette âme de gouvernante, se sent là partout. On bâille, rien qu'à regarder... Encore si ce bâtiment était triste; la tristesse elle-même est pour l'âme un aliment. Non, il n'est pas triste, et il n'en est pas plus gai; il n'y a rien à en dire, nul caractère, nul style, rien qu'on puisse au moins blâmer. De quel âge est la chapelle? Ni gothique, ni renaissance, pas même le style jésuite. Mais alors, il y a peut-être l'austérité janséniste?... Cela n'est nullement austère... Qu'est-ce donc? Rien. Mais ce rien a une puissance d'ennui qu'on ne trouverait nulle part.

Après le premier moment, demi-dévot, demi-mondain, des représentations d'*Athalie* et d'*Esther*, que les jeunes demoiselles avaient trop bien jouées, le pensionnat réformé devint une sorte de couvent. Au lieu de Racine, ce fut

[1] Ou Racine, en vous parlant de jansénisme, vous y auroit entraînée, ou M. de Cambrai, etc. Lettres de Mme de Maintenon, II, 190 (éd. 1757).

l'abbé Pellegrin et Mme de Maintenon qui firent des pièces pour Saint-Cyr [1]. Les dames institutrices durent être des religieuses. Grand changement, qui déplut à Louis XIV lui-même [2], et qui pouvait compromettre l'établissement nouveau. Mme de Maintenon semble l'avoir senti, et elle chercha, *pour pierre fondamentale de son édifice*, une pierre vivante, hélas ! une femme pleine de grâce et de vie... Ce fut la pauvre Maisonfort qu'on décida de voiler, de cloîtrer, de sceller dans les fondations de Saint-Cyr.

Mais celle qui pouvait tout, ne pouvait cela. Vive, indépendante, comme était La Maisonfort, tous les rois et toutes les reines y auraient échoué. Le cœur seul, touché habilement, pouvait l'amener où on voulait. Mme de Maintenon, qui tenait extrêmement à la chose, y fit des efforts qui surprennent quand on lit ses lettres. Cette personne si réservée sort ici de son caractère ; elle se confie, pour gagner la confiance, et ne craint pas d'avouer à la jeune fille qu'elle veut dégoûter du monde, qu'elle-même, dans la première

[1] Proverbes inédits de Mme de Maintenon, 1829. V. aussi ses Conversations (1828), et son Esprit de l'Institut des filles de Saint-Louis (1808).

[2] M. de Noailles, *Saint-Cyr*, p. 131.

place du monde, « elle se meurt de tristesse et d'ennui. »

Ce qui fut plus efficace, c'est qu'on employa près d'elle un nouveau directeur, le séduisant, le charmant, l'irrésistible. L'abbé de Fénélon était alors très-bien avec Mme de Maintenon; il dînait tous les dimanches avec elle chez les duchesses de Beauvilliers et de Chevreuse, seuls entre eux, sans domestiques, se servant eux-mêmes, pour ne pas être écoutés. L'attrait de cet homme unique fut grand pour La Maisonfort, et l'autorité lui ordonnait de suivre cet attrait : « Voyez l'abbé de Fénélon, lui écrivait Mme de Maintenon, accoutumez-vous à vivre avec lui [1]. »

Aimable commandement, qu'elle ne suivit que trop bien, douce accoutumance... Avec un tel homme qui animait tout de son charme personnel, qui facilitait, simplifiait les choses les plus ardues, on ne marchait pas, on volait, entre ciel et terre, dans les tièdes régions de l'amour divin. Tant de séduction, de sainteté à la fois et de liberté... c'était trop pour le pauvre cœur !

Saint-Simon raconte par quels moyens d'es-

[1] Lettre citée par Phélippeaux, Relation du quiétisme, I, 43.

pionnage et de trahison Godet constata dans Saint-Cyr la présence du quiétisme. Il ne fallait pas tant d'adresse. La Maisonfort était assez pure pour être imprudente. Dans le bonheur de cette spiritualité nouvelle où elle entrait de toute son âme, elle en disait encore plus qu'on ne voulait lui faire dire.

Fénélon, tout suspect qu'il devenait alors, lui fut laissé toutefois, jusqu'à ce qu'elle eût fait le grand pas. On attendit qu'elle eût, sous cette influence, malgré ses réclamations et ses larmes, pris le voile, et laissé fermer derrière elle la fatale grille.

Deux assemblées eurent lieu à Saint-Cyr pour régler la destinée de la victime. Godet, assisté des lazaristes Thiberge et Brisacier, décida qu'elle serait religieuse, et Fénélon, qui était de ce beau concile, n'y contredit pas. Elle-même a raconté que pendant la délibération, « elle se retira devant le Saint-Sacrement, dans une étrange angoisse, qu'elle pensa mourir de douleur, et versa dans sa chambre toute la nuit un torrent de larmes. »

La délibération était de pure forme; Mme de Maintenon voulait, il ne restait qu'à obéir. Personne, à ce moment, ne dépendait d'elle plus que Fénélon. C'était la crise décisive pour le quiétisme. Il s'agissait de savoir si son docteur, son écrivain, son prophète, peu agréable au roi qui pourtant ne le connaissait pas bien encore, pourrait acquérir dans l'Église, avant que la doctrine n'éclatât, la position d'un grand prélat, où tous les siens le poussaient. De là son dévouement illimité pour Mme de Maintenon, de là le sacrifice de la pauvre Maisonfort à cette volonté toute-puissante. Fénélon, qui connaissait parfaitement son peu de vocation, l'immola, non pas sans doute à ses intérêts personnels, mais à l'avancement de ses doctrines et à l'agrandissement de son parti.

Dès qu'elle fut voilée, cloîtrée sans retour, il s'éloigna peu à peu. Trop franche et trop imprudente, elle faisait tort à sa doctrine, déjà vivement attaquée. Il n'avait pas besoin d'amitiés si compromettantes. Il lui fallait des appuis politiques. Il s'adressa aux jésuites *in extremis*, prit un confesseur jésuite; ils avaient eu la prudence d'en avoir des deux partis.

Retomber de Fénélon à Godet, rentrer sous sa direction sèche et dure, c'était plus que la nouvelle religieuse ne pouvait supporter. Un jour qu'il vint avec les petites constitutions, les petits règlements minutieux qu'il avait faits en commun avec Mme de Maintenon, La Maisonfort ne put se contenir, et devant lui, devant la toute-puissante fondatrice, elle dit courageusement le mépris qu'elle en faisait. Peu après, une lettre de cachet la chassa durement de Saint-Cyr.

Contre tout ce monde hostile, ces Godet, ces Brisacier, elle avait fait une trop belle défense. Abandonnée de Fénélon, elle tâchait de rester fidèle à ses doctrines, et s'obstinait à garder ses livres. Il fallut qu'on appelât la grande puissance du temps, Bossuet, pour réduire la rebelle. Mais elle ne voulut recevoir ses avis qu'après avoir demandé à Fénélon si elle pouvait le faire. A cette dernière marque de confiance, il répond, j'ai regret de le dire, par une lettre sèche et triste [1], où la jalousie ne perce que trop, et le regret de voir passer sous l'influence d'un autre celle qu'il n'avait pas défendue.

[1] Elle est tout entière dans Phélippeaux, I, 161 : « Ce n'est par une marque qu'on se porte bien, quand on a besoin d'un si grand nombre de médecins, » etc.

## CHAPITRE IX.

Bossuet, comme directeur. Bossuet et la sœur Cornuau. Sa loyauté et son imprudence. Il est quiétiste en pratique. La direction dévote incline au quiétisme. Paralysie morale.

---

Rien n'éclaire mieux le caractère propre à la direction, que la correspondance du plus digne, du plus loyal directeur; je parle de Bossuet. L'expérience est décisive; si les résultats sont mauvais, c'est la méthode et le système qu'il faudra accuser, nullement l'homme.

La grandeur du génie et la noblesse du caractère éloignaient naturellement Bossuet des petites passions du vulgaire des directeurs, des minuties, des jalousies, des tyrannies tracassières. Nous pouvons en croire une de ses pénitentes. Sans désapprouver, dit-elle, « les directeurs qui règlent jusqu'aux moindres pensées et affections, *il ne pouvoit goûter cette pratique* à l'égard des âmes qui aimoient Dieu, et qui étoient un peu avancées dans la vie spirituelle [1]. »

Sa correspondance est digne, noble, sérieuse. Vous n'y trouverez point les tendresses trop caressantes de Saint-François de Sales, encore moins les raffinements, les subtilités passionnées de Fénélon; point de sophistique amoureuse. Moins austères que les lettres de Saint-Cyran, celles de Bossuet s'en rapprochent par la gravité. Elles ont souvent un grandiose oratoire qui ne va guère avec l'humble et médiocre personne à qui elles sont généralement adressées, mais qui a cet avantage de la tenir à distance et d'exclure, dans le plus confiant tête-à-tête, les rapprochements trop intimes.

Si cette correspondance nous est parvenue plus entière que celle de Fénélon, nous le devons (du moins pour la partie la plus curieuse) au culte qu'une pénitente de Bossuet, la bonne veuve Cornuau, conserva pour sa mémoire. Cette digne personne, en nous transmettant ces lettres, y a laissé religieusement nombre de dé-

[1] OEuvres de Bossuet, Avertissement de la sœur Cornuau, XI, 300 (éd. Lefebvre, 1836).

tails assez humiliants pour elle. Elle a oublié sa vanité, et n'a songé qu'à la gloire de son père spirituel. En cela, son attachement l'a bien heureusement guidée ; elle a fait pour lui, peut-être, plus qu'aucun panégyriste. Ces nobles lettres, écrites pour ne jamais voir le jour, dans un secret si profond, sont dignes d'être exposées aux regards du monde.

La bonne veuve nous apprend que, quand elle était assez heureuse pour l'aller voir dans sa solitude de Meaux, il la recevait parfois dans « un lieu petit, très-froid, où il y avoit beaucoup de fumée ». C'est, selon toute apparence, le petit pavillon que l'on montre encore aujourd'hui au bout du jardin, sur l'ancien rempart de la ville qui forme la terrasse du palais épiscopal. Au-dessus du cabinet qui fait le rez-de-chaussée, couchait, dans un petit grenier, le valet qui, de bon matin, éveillait Bossuet. Une sombre et étroite allée d'ifs et de houx mène au triste appartement, vieux arbres nains, rabougris, qui ont de plus en plus mêlé leurs bras noueux, leurs noires et piquantes feuilles. Les songes du passé y logent toujours; vous y trouveriez encore toutes les épines de ces grandes polémiques, aujourd'hui si loin de nous, les disputes de Jurieu et de Claude, et l'histoire hautaine des Variations, et le mortel combat du Quiétisme, envenimé d'amitié trahie... Sur le sérieux jardin, aligné à la française, plane, dans sa majesté douce, la tour de la cathédrale; mais on ne la voit pas de la petite allée noire, ni du triste cabinet, lieu resserré, froid, ingrat d'aspect, qui, malgré le grand souvenir, rebute par la sécheresse, et rappelle que, sous ce beau génie, le meilleur prêtre du temps, il y eut un prêtre encore.

Il n'y avait guère qu'un point par où l'on pouvait toucher cet esprit dominateur, la docilité, l'obéissance. Celle de la bonne Cornuau dépassa tout ce qu'il pouvait attendre. Elle en montre infiniment, et l'on voit qu'elle en cache encore, de peur de déplaire. Elle s'ingénie, autant que le permet sa médiocrité naturelle, à suivre les goûts et les idées du grand homme. Il avait l'esprit de gouvernement; elle l'eut aussi en petit. Elle se chargea des affaires de la communauté où elle vivait; et en même temps elle terminait celles de sa famille. Elle attendit ainsi quinze ans, avant qu'il lui fût permis de se faire religieuse. Elle obtint enfin cette grâce, et se fit appeler la sœur de Saint-*Bénigne,* prenant ainsi,

9.

un peu hardiment peut-être, le nom même de Bossuet.

Ces soins positifs, où le sage directeur la retint longtemps, eurent pour elle l'excellent effet de distraire et ralentir l'imagination. C'était une nature passionnée, honnête, mais un peu commune, qui malheureusement avait assez de sens pour s'avouer ce qu'elle était. Elle sait, et elle se dit, qu'elle n'est qu'une petite bourgeoise, qu'elle n'a ni naissance, ni grand esprit, ni grâce, ni monde; elle n'a pas seulement vu Versailles ! Comment lutterait-elle, près de lui, contre ses autres filles spirituelles, grandes dames, toujours brillantes dans leurs pénitences même et leurs abaissements volontaires?... Il semble que d'abord elle ait espéré de prendre sa revanche ailleurs, et de s'élever par-dessus ces mondaines par les voies mystiques. Elle s'avise, certain jour, d'avoir des visions; elle en écrit une, d'assez pauvre imagination, que Bossuet n'encourage pas. Que faire? La nature lui a refusé les ailes, elle voit bien que décidément elle ne pourra pas voler. Du moins, elle n'a pas d'orgueil; elle n'essaie pas de cacher le triste état de son cœur; il lui échappe cet aveu humiliant : « Qu'elle crève de jalousie ».

Ce qui touche, c'est que, l'aveu fait, la pauvre créature, très-douce et très-bonne, s'immole, et se fait garde-malade de celle dont elle était jalouse, et qui était alors atteinte d'un mal affreux. Elle la suit à Paris, elle s'enferme avec elle, elle la soigne, elle l'aime! pour la raison peut-être qui tout-à-l'heure produisait l'effet tout contraire? parce qu'elle est aimée de Bossuet?

La Cornuau se trompe évidemment dans sa jalousie; c'est elle qui est préférée; nous le voyons aujourd'hui par la comparaison des diverses correspondances. A elle sont réservées toutes les indulgences paternelles; pour elle seule il semble s'attendrir par moments, autant que le permet sa gravité ordinaire. Cet homme si occupé trouve du temps pour lui écrire près de deux cents lettres. Il est certainement plus ferme, plus austère, avec la grande dame dont elle est jalouse. Il devient bref, presque dur, pour celle-ci, quand il s'agit de répondre aux confidences un peu scabreuses qu'elle s'obstinait à lui faire. Il ajourne sa réponse indéfiniment (« à mon grand loisir » ); jusque-là il lui défend d'écrire sur de tels sujets, sinon « il brûlera ses lettres sans les lire seulement (24 novembre 1691) ». Il dit ailleurs très-noblement, sur ces choses délicates qui peuvent troubler l'imagination : « Qu'il falloit, quand on étoit obligé de parler de ces sortes de peines et de les entendre, *ne tenir à la terre que du bout du pied* ».

Cette honnêteté parfaite, qui ne veut rien entendre au mal, le lui fait oublier parfois, plus qu'il ne faudrait, et le rend peu circonspect. Rassuré aussi par son âge, fort mûr alors, il se permet par moments des élans d'amour mystique, indiscrets devant un témoin aussi passionné que la Cornuau. En présence d'une personne simple, soumise, inférieure en tout sens, il se croit seul, et donnant l'essor au vivace instinct de poésie qu'il eut jusqu'en ses vieux jours, il n'hésite pas à se servir de la langue mystérieuse du Cantique des Cantiques. Quelquefois, c'est pour calmer sa pénitente, pour raffermir sa chasteté, qu'il emploie cette langue brûlante. Je n'ose copier la lettre, innocente à coup sûr, mais si imprudente, qu'il écrit de sa campagne de Germigny (le 10 juillet 1692), et où il explique le sens de la parole de l'Épouse : « Soutenez-moi avec des fleurs, parce que je languis d'amour. » Cette médecine qui veut guérir la passion par une passion plus forte est merveilleusement propre à doubler le mal.

Ce qui étonne bien plus que ces imprudences, c'est que vous trouvez fréquemment dans la correspondance intime de ce grand adversaire du quiétisme la plupart des sentiments et des maximes pratiques qu'on reprochait aux quiétistes. Il développe à plaisir leur texte favori : *Expectans expectavi*. L'Épouse ne doit pas s'empresser ; elle doit « *attendre en attendant* ce que l'Époux voudra faire ; si, en attendant, il caresse l'âme et la pousse à le caresser, il faut livrer son cœur... Le moyen de l'union, c'est l'union même. *Laisser faire* l'Époux, c'est toute la correspondance de l'Épouse... »

« Jésus est admirable dans les chastes embrassements dont il honore son Épouse et la rend féconde ; *toutes les vertus sont le fruit* de ses chastes embrassements » (28 février 1693). — « Il doit suivre un changement dans la vie ; mais *sans que l'âme songe seulement à se changer elle-même*. »

Cette lettre, toute quiétiste, est écrite le 30 mai (1696) ; et, huit jours après [1], triste inconséquence ! il écrit ces paroles inhumaines, sur M^me^ Guyon : « On me paroît résolu de la renfermer loin d'ici *dans un bon château*, etc. »

Comment ne voit-il pas que, sur la question,

[1] OEuvres de Bossuet, XI, 380, et XII, 53 (éd. 1836).

pratique, bien autrement importante que la théorie, il ne diffère en rien de ceux qu'il traite si mal ? La direction, dans Bossuet, comme dans ses adversaires, c'est le développement des côtés inertes et passifs de notre nature : *Expectans expectavi.*

C'est pour moi un spectacle de les voir tous, du fond même du moyen âge, crier contre les mystiques et tomber au mysticisme. Il faut que la pente soit forte, invincible. Au quatorzième et quinzième siècle, le profond Rusbrock, le grand Gerson imitent justement ceux qu'ils blâment. Au dix-septième, les quiétistes Bona, Fénélon, Lacombe même, le directeur de Mme Guyon, parlent sévèrement, durement des quiétistes absolus. Tous montrent l'abîme, tous y tombent.

Les personnes ne sont rien ici, il y a une fatalité logique. L'homme qui par son caractère et son génie est le plus loin des voies passives, celui qui dans ses écrits les condamne avec plus de force, Bossuet, dans sa pratique, y marche comme les autres.

Qu'importe que l'on écrive contre la théorie du quiétisme? le quiétisme est bien moins un système qu'une méthode : méthode d'assoupissement et d'inertie que nous retrouvons toujours, sous une forme ou sous une autre, dans la direction dévote. Il ne sert de rien de conseiller l'activité comme Bossuet, de la permettre comme Fénélon, si, prévenant dans une âme tout exercice de l'activité, la tenant comme à la lisière, vous lui ôtez l'habitude, le goût, le pouvoir d'agir.

Qu'elle ait l'air d'agir encore, n'est-ce pas une illusion, si cette activité n'est pas la sienne, si c'est la vôtre, ô Bossuet! Vous me montrez une personne qui va, marche; et je vois bien qu'elle n'a cette apparence de mouvement que parce qu'elle vous porte en elle, comme principe d'action, comme cause et raison de vivre, de marcher, de remuer. Il y a toujours au total la même somme d'action; seulement, dans ce dangereux rapport du directeur au dirigé, toute l'action passe au premier; seul il reste une force active, une volonté, une personne; le dirigé perdant peu à peu ce qui constitue la personne, que devient-il? une chose.

Lorsque Pascal, dans son dédain superbe pour la raison, nous engage *à nous abêtir* [1], à plier en

[1] Montaigne aussi dit *abêtir*, mais non au profit de l'autorité. Autre sens, autre intention. V. Pascal, éd. Faugère, II, 168.

nous ce qu'il appelle l'*automate* et la *machine*, il ne voit pas qu'il y aura seulement un échange de raisons; la nôtre s'étant mis elle-même le mors et la bride, la raison d'un autre va monter dessus, la chevaucher, la mener comme elle voudra.

Si l'automate conserve du mouvement, comment le mènera-t-on? selon l'opinion *probable*; le *probabilisme* des jésuites règne dans la première moitié du siècle. Puis, le mouvement s'arrêtant, le siècle paralysé apprend des *quiétistes* que l'immobilité est la perfection même.

L'affaiblissement et l'impuissance des derniers temps de Louis XIV sont un peu dissimulés par un reste d'éclat littéraire. Ils n'en sont pas moins profonds. C'est la suite naturelle, non-seulement des grands efforts qui amènent l'épuisement, mais aussi des théories d'abnégation, d'impersonnalité, de nullité systématique qui avaient toujours gagné dans ce siècle. A force de dire et redire qu'on ne peut bien marcher que soutenu par un autre, il se forma une génération qui ne marchait plus du tout, qui se vantait d'avoir oublié le mouvement et en faisait gloire. M^me^ Guyon, en parlant d'elle-même, exprime avec force dans une lettre à Bossuet ce qui était alors l'état général : « Vous dites, monseigneur, qu'il n'y a que quatre ou cinq personnes qui soient dans cette difficulté de faire des actes, et je vous dis qu'il y en a plus de cent mille... Lorsque vous m'avez dit de demander et désirer, je me suis trouvée comme un paralytique à qui l'on dit de marcher *parce qu'il a des jambes;* les efforts qu'il veut faire pour cela ne servent qu'à lui faire sentir son impuissance. L'on dit dans les règles ordinaires : *Tout homme qui a des jambes, doit marcher.* Je le crois, je le sais ; cependant j'en ai, et je sens bien que je ne m'en puis servir [1]. »

[1] Lettre du 10 février 1694, OEuvres de Bossuet, XII, 14 (éd. 1836). Rapprocher les aveux si tristes de la sœur du Mans, ibid., XI, 558, 30 mars 1695, et ceux de Fénélon même, 8 novembre 1700, I, 572 (éd. Didot, 1838).

## CHAPITRE X.

Le *Guide* de Molinos; rôle qu'y joue le directeur; austérité hypocrite; doctrine immorale. Molinos approuvé à Rome, 1675. Molinos condamné à Rome, 1687. Ses mœurs conformes à sa doctrine. Les Molinosistes espagnols. La mère Agueda.

---

Pour celui qui ne peut plus remuer de lui-même, pour le pauvre paralytique, le plus grand danger n'est point de rester sans action, mais de devenir le jouet d'une action qui n'est pas la sienne. Les théories qui parlent le plus d'immobilité, ne sont pas toujours désintéressées. Prenez garde, et prenez garde.

Le livre de Molinos, artificiel et réfléchi, a un caractère qui lui est tout à fait propre, et qui le distingue des livres naïfs, inspirés, des grands mystiques.

Ceux-ci, tels que sainte Thérèse, recommandent souvent d'obéir, de ne pas s'en croire soi-même, de tout soumettre au directeur. Ils se donnent ainsi un guide, mais dans leur vigoureux élan ils emportent le guide avec eux. Ils croient le suivre, ils le mènent. Le directeur n'a près d'eux nulle autre chose à faire qu'à sanctionner leur inspiration.

L'originalité du livre de Molinos est toute contraire. Là, expirent vraiment l'activité intérieure ; nulle action qu'étrangère. *Le directeur* est le pivot de tout le livre, il revient à chaque instant, et là même où il disparaît, on sent bien qu'il est derrière. C'est le *guide,* ou plutôt le soutien, sans lequel cette âme impotente ne pourrait faire un seul pas. C'est le médecin toujours présent qui décide si la malade peut goûter ceci ou cela... Malade? Oui, et bien malade, puisqu'il faut à tout instant qu'un autre pense, sente, agisse pour elle, en un mot vive à sa place.

Pour elle, peut-on dire qu'elle vive ? N'est-ce pas là la vraie mort. Les grands mystiques cherchaient la mort et ne pouvaient la trouver; leur activité vivante persistait dans le sépulcre; mourir, seul à seul, en Dieu, y mourir de sa volonté, par son énergie, ce n'est pas mourir tout à fait. Mais laisser, de lâcheté, s'en aller son âme dans le tourbillon d'une autre âme, subir dans un demi-sommeil l'étrange transformation où votre personnalité est absorbée dans la sienne, c'est bien la vraie mort morale. Il n'en faut pas chercher d'autre.

« Agir, c'est le fait du novice ; pâtir, c'est déjà profiter ; mourir, c'est la perfection... — Avançons dans les ténèbres et nous avancerons bien ; le cheval qui tourne, les yeux bandés, n'en moud que mieux le froment. — Ne pensons pas, ne lisons point. Un maître *pratique* nous dira mieux que tous les livres ce qu'il faut faire *au moment*... Grande sécurité, d'avoir un guide d'expérience, qui nous gouverne et nous enseigne, selon sa lumière *actuelle*, et nous empêche d'être trompés par le démon ou par notre propre sens [1]. »

Molinos, en nous menant doucement par ce chemin, me paraît savoir très-bien où il mène. J'en juge par les précautions infinies qu'il prend pour nous rassurer ; par l'affiche qu'il met partout, d'humilité, d'austérité, d'excessif scru-

[1] Molinos, *Guida spirituale* (Venetia, 1685), p. 86, 161 et passim, trad. latine (Lipsiæ, 1687).

pule, de prudence exagérée par delà toute prudence. Les saints ne sont pas si sages.

Dans une bien humble préface, il croit que ce petit livre, sans ornement, sans style, sans protecteur, ne peut avoir de succès; « il sera critiqué sans doute, tous le trouveront insipide... » Plus humblement encore, à la dernière page, il *prosterne l'ouvrage*, et le soumet à la correction de la Sainte Église Romaine[1]..

Il fait entendre que le vrai directeur ne dirige que malgré lui. « C'est un homme qui voudrait être dispensé du soin des âmes, qui soupire, halète, après la solitude. — Il est surtout bien loin de rechercher la direction des femmes; elles sont généralement trop peu préparées. — Il faut qu'il prenne bien garde d'appeler sa pénitente : *Ma fille;* c'est un mot trop tendre; Dieu en est jaloux. — L'amour de soi, la passion, ce monstre à sept têtes, prend quelquefois la figure de la reconnaissance, de l'affection filiale pour le confesseur.—Il n'ira pas visiter ses pénitentes

[1] Le *Guide* de Molinos, ce livre si célèbre n'est pas très-original. On y trouve peu de choses qui ne soient supérieures dans les autres quiétistes. Lire pourtant son éloge enthousiaste du *néant*, du *rien*, dont Bossuet a traduit quelques passages, au livre III de l'Instruction sur les états d'oraison.

chez elles, pas même en cas de maladie, *à moins qu'il ne soit appelé*[1]. »

Voilà une sévérité étonnante, des précautions excessives, inconnues jusqu'à Molinos ! Quel saint homme est donc celui-ci !... Il est vrai, que, si le directeur ne doit pas de lui-même visiter cette malade, il le peut *si elle l'appelle*... Je réponds qu'elle l'appellera. Avec une telle direction, n'est-elle pas toujours malade, embarrassée, craintive, impuissante à rien faire d'elle-même ; elle le souhaite à toute heure. Tout mouvement qui ne vient de lui, pourrait bien venir du diable ; la fibre même du remords, qui parfois remue en elle, ne serait-ce pas un fil que le diable tire[2] ?...

Dès qu'il est près d'elle, au contraire, quelle tranquillité ! Comme il la calme d'un mot ! comme il résout tous ses scrupules !... Elle est bien récompensée de n'avoir rien fait d'elle-même, d'avoir attendu, d'avoir obéi, d'obéir toujours... Elle sent bien maintenant *que l'obéissance vaut mieux que toute vertu.*

Eh bien ! qu'elle soit discrète, on la conduira plus loin... « Il ne faut pas, si elle pèche,

[1] Le *Guide*, lib. II, c. 6.

[2] Ibidem, c. 17.

qu'elle s'inquiète du péché. S'en tourmenter, ce serait signe qu'on garde un levain d'orgueil... C'est le diable, qui, pour nous arrêter dans la voie spirituelle, nous occupe ainsi de nos chutes. Ne serait-il pas stupide, à celui qui court, de s'arrêter quand il tombe, pour pleurer comme un enfant, au lieu de poursuivre sa course?... Ces chutes ont l'excellent effet de nous préserver de l'orgueil qui est la plus grande chute. Dieu fait des vertus de nos vices, et ces vices même par lesquels le diable croyait nous jeter dans l'abîme, *deviennent une échelle pour monter au ciel* [1]. »

Cette doctrine fut bien accueillie. Molinos avait eu l'adresse de publier en même temps un autre livre qui pouvait servir de passe-port à celui-ci, un traité de la *Communion quotidienne*, dirigé contre les jansénistes et le grand livre d'Arnaud. Le *Guide spirituel* fut examiné avec la faveur que Rome pouvait accorder à l'ennemi de ses ennemis. Il n'y eut guère d'ordre religieux qui ne l'approuvât. L'inquisition romaine lui donna trois approbations par trois de ses membres, un jésuite, un carme et le général des

[1] Scala per salire al cielo. *Guida*, p. 138, lib. II, c. 18.

franciscains. L'inquisition espagnole l'approuva deux fois, par l'examinateur général de l'ordre des capucins, et par un trinitaire, l'archevêque de Reggio. En tête, on lisait un éloge enthousiaste, exalté, de Molinos, par l'archevêque de Palerme.

Les quiétistes devaient être alors bien forts à Rome, puisque l'un d'eux, le cardinal Bona (protecteur de Malaval), fut au moment de devenir pape.

Les choses tournèrent au rebours, contre toute attente. La grande tempête gallicane de 1682, qui pendant près de dix ans interrompit les rapports de la France et du Saint-Siége et montra combien aisément on peut se passer de Rome, obligea le pape à relever la dignité morale du pontificat par des actes de sévérité. Le coup tomba spécialement sur les jésuites et sur leurs amis. Innocent XI porta une condamnation solennelle sur les casuistes, condamnation tardive sur des gens tués depuis vingt ans par Pascal. Le quiétisme ne l'était pas; les franciscains et les jésuites l'avaient pris à cœur; donc, les dominicains lui étaient contraires. Molinos, dans son Manuel, avait fort réduit les mérites de saint Dominique, et prétendu que *saint Tho-*

*mas mourant avoua qu'il n'avait jusque-là écrit rien de bon.* Aussi, de tous les grands ordres, celui des dominicains est le seul dont l'approbation manque au *Guide* de Molinos.

Le livre et l'auteur, examinés sous cette nouvelle influence, parurent horriblement coupables. L'inquisition de Rome, sans s'arrêter aux approbations accordées douze ans auparavant par ses examinateurs, condamna le *Guide,* et, de plus, quelques propositions qui ne s'y trouvent pas, mais que l'on tira des interrogatoires de Molinos, ou de son enseignement. Celle-ci n'est pas la moins curieuse : « Dieu, pour nous humilier, permet, en certaines âmes parfaites, que le diable leur fasse commettre (bien éveillées et dans leur état lucide) certains actes charnels, et qu'il leur remue les mains et autres membres, contre leur volonté. En ce cas, et autres, qui sans cela seraient coupables, *il n'y a pas péché,* parce qu'il n'y a pas consentement.. Le cas peut arriver que ces mouvements violents qui poussent aux actes charnels, se rencontrent en deux personnes, un homme et une femme, au même moment[1]. »

[1] Articles condamnés, p. 41 et 42, en tête de la trad. latine (Lipsiæ, 1687).

Ce cas s'était rencontré pour Molinos lui-même, beaucoup trop souvent. Il fit amende honorable, s'humilia pour ses mœurs, et ne défendit pas sa doctrine, ce qui le sauva. Les inquisiteurs, qui d'abord l'avaient approuvé, devaient être eux-mêmes embarrassés de ce procès. Il fut traité avec douceur, et seulement emprisonné, tandis que deux de ses disciples, qui n'avaient fait qu'appliquer fidèlement sa doctrine, furent, sans pitié, brûlés vifs. L'un était un curé de Dijon, l'autre un prêtre de Tudela en Navarre.

Comment s'étonner si une telle théorie eut ces résultats dans les mœurs? qu'elle ne les eût point amenés, ce serait bien plus étonnant. Au reste, ils ne dérivent pas exclusivement du Molinosisme, doctrine imprudente et trop claire, qu'on se garde bien de professer. Ils sortent naturellement, ces résultats moraux, de toute direction pratique qui endort la volonté, qui ôte à la personne ce gardien naturel, et l'expose, ainsi gisante, à l'arbitraire de celui qui veille au chevet... L'histoire que le moyen âge raconte plus d'une fois, et que les casuistes examinent si froidement, le viol d'une personne morte, se retrouve ici. La mort de la volonté laisse la personne sans défense autant que la mort physique.

L'archevêque de Palerme, dans son éloge pindarique du *Guide spirituel*, dit que ce livre admirable convient très-spécialement *à la direction des religieuses*. L'avis fut entendu et mis à profit, surtout en Espagne. De ce mot de Molinos, « que les péchés étant une occasion d'humilité, servent d'échelle pour monter au ciel, » les Molinosistes tirèrent cette conséquence : Plus on pèche, et plus on monte.

Il y avait, aux carmélites de Lerma, une béate, tenue pour sainte, la mère Agueda. On allait la voir de tous les pays voisins pour lui faire guérir les malades. Un couvent fut fondé au lieu qui avait eu le bonheur de lui donner la naissance. On y révérait, à l'église, son portrait placé dans le chœur. Là, elle guérissait ceux qui lui étaient amenés, en leur appliquant certaines pierres miraculeuses qu'elle évacuait, disait-on, avec des douleurs semblables à celles de l'enfantement. Ce miracle dura vingt années. A la longue, le bruit se répandit que ces enfantements n'étaient que trop réels et qu'elle accouchait en effet. L'inquisition de Logrogno ayant fait descente au couvent, arrêta la mère Agueda, et interrogea les autres religieuses, entre autres, la jeune nièce de la béate, dona Vincenta. Celle-ci avoua sans détour le commerce que sa tante, elle-même et les autres, avaient avec le provincial des Carmes, le prieur de Lerma et autres religieux du premier rang. La sainte avait accouché cinq fois, et sa nièce montra le lieu où les enfants étaient tués et enterrés au moment de leur naissance. On retrouva les ossements[1].

Ce qui n'est pas moins horrible, c'est que la jeune religieuse, cloîtrée dès l'âge de neuf ans soumise enfant, par sa tante, à cette vie étrange, n'ayant eu nulle autre lumière, croyait fermement que c'était là la vie dévote, la perfection, la sainteté, et marchait en cette voie en toute sécurité, sur la foi de ses confesseurs.

Le grand docteur de ces religieuses était le provincial des Carmes, Jean de la Vega. Il avait écrit la vie de la béate; il lui arrangeait ses miracles; c'est lui qui avait eu l'adresse d'en faire une sainte fêtée et glorifiée, toute vivante qu'elle était. Lui-même, il était presque un saint dans

[1] Lorsque *le Moine* de Lewis parut en 1796, on ne s'attendait guère à voir le terrible roman dépassé par une histoire réelle. Celle-ci a été trouvée dans les registres de l'Inquisition par Llorente (t. IV de la trad. fr., 1818, p. 30—32.

l'opinion du peuple. Les moines disaient partout que, depuis le bienheureux Jean de la Croix, il n'y avait pas eu, en Espagne, un homme si austère, si pénitent que celui-ci. Selon l'usage de désigner les docteurs illustres par un surnom (l'Angélique, le Séraphique, etc.), on l'appelait l'*Extatique*. Plus fort que la béate, il résista à la question, tandis qu'elle y mourut ; il n'avoua rien, sauf d'avoir reçu l'argent de onze mille huit cents messes qu'il n'avait pas dites, et il en fut quitte pour être envoyé au couvent de Duruelo.

# CHAPITRE XI.

Plus de systèmes ; un emblème. Le sang. Le sexe ; l'Immaculée. Le Sacré Cœur. Marie Alacoque. Équivoque du Sacré Cœur. Le dix-septième siècle est le siècle de l'équivoque. Politique chimérique des jésuites. Le P. La Colombière et Marie Alacoque, 1675. L'Angleterre, conspiration papiste. Premier autel du Sacré cœur, 1685. Ruine des gallicans, 1693 ; des quiétistes, 1698 ; de Port-Royal, 1709. La théologie anéantie au dix-huitième siècle. Matérialité du Sacré Cœur. L'art jésuite.

---

Le quiétisme, tant accusé d'obscurité, n'avait été que trop clair. Il érigeait en système et posait avec franchise comme suprême perfection l'état d'immobilité et d'impuissance où l'âme parvient à la longue quand elle abdique son activité.

N'était-ce pas simplicité que de formuler si bien cette doctrine d'assoupissement, de donner à grand bruit une théorie du sommeil? Eh!

ne parlez pas si haut, si vous voulez qu'on s'endorme... Voilà ce que sentirent d'instinct les théologiens hommes d'affaires, qui se souciaient peu de théologie et voulaient des résultats.

Il faut rendre aux jésuites cette justice d'avouer qu'ils étaient au fond assez désintéressés d'opinions spéculatives. On a vu qu'après Pascal, ils écrivirent eux-mêmes contre leur casuistique. Depuis, ils avaient essayé du quiétisme; un moment, ils laissèrent croire à Fénélon qu'ils le soutiendraient. Mais, dès que Louis XIV se fut prononcé, « ils firent le plongeon[1] », prêchèrent contre leur ami, et découvrirent quarante erreurs dans les *Maximes des saints*.

Il ne leur avait jamais bien réussi de faire les théologiens. Le silence leur allait mieux que tous les systèmes. Ils l'avaient fait imposer par le pape aux dominicains dès le commencement du siècle, puis aux jansénistes. Depuis, leurs affaires allaient mieux. Ce fut justement à l'époque où ils n'écrivaient plus, qu'ils obtinrent du roi malade la feuille des bénéfices (1687), et devinrent ainsi, au grand étonnement des

[1] Bossuet, lettre du 31 mars 1697, OEuvres (éd. 1836), XII, 85.

gallicans, qui se croyaient vainqueurs, les rois du clergé de France.

Plus d'idées, plus de systèmes. On en était las. Dès longtemps, nous avons signalé la fatigue qui gagnait. Il y a d'ailleurs, il faut le dire, dans les longues vies (quelles qu'elles soient) d'hommes, d'états, de religions, il y a un âge, où ayant couru de projet en projet et de rêve en rêve, on hait toute idée. Dans ces moments profondément matériels, on ne veut rien qui ne se touche. Devient-on positif? non. Mais on ne retourne pas davantage aux poétiques symboles que la jeunesse adora. Le vieil enfant radoteur se fait plutôt quelque fétiche, quelque dieu palpable, maniable; plus il est grossier, plus il réussit.

Ceci explique le prodigieux succès avec lequel les jésuites répandirent et firent accepter, dans ce temps de lassitude, un nouvel objet de culte, très-charnel, très-matériel, le cœur de Jésus, montré par sa plaie dans sa poitrine entr'ouverte, ou arraché et sanglant.

Il en avait été à peu près de même dans la décrépitude du paganisme. La religion s'était réfugiée dans le taurobole, dans la sanglante expiation mithriaque, le culte du sang.

A la grande fête du Sacré Cœur que les jésuites donnèrent, au dernier siècle, dans le Colysée de Rome, ils frappèrent une médaille, avec cette devise digne de la solennité : « Il s'est donné à manger au peuple, dans l'amphithéâtre de Titus [1]. »

Pour tout système, *un emblème*, un signe muet... Quel avantage pour les amis de l'obscurité et de l'équivoque ! Nulle équivoque de langage ne peut valoir, pour l'indécision et l'embrouillement d'idées, un objet matériel qui prête à mille sens... Les vieux symboles chrétiens, tant expliqués, tant traduits, présentent à l'esprit, dès qu'on les voit, une signification trop claire. Ce sont des symboles austères de mort, de mortification. Le nouveau était plus obscur. Cet emblème, il est vrai, sanglant, mais charnel et passionné, parle de mort bien moins que de vie. Le cœur palpite, le sang fume, et c'est un homme vivant qui, de ses mains montrant sa plaie, vous fait signe de venir sonder ce sein entr'ouvert.

Le cœur ! ce mot seul a toujours été puissant ; organe des affections, le cœur les exprime

1 En 1771. Des Sacrés Cœurs (*par Tabaraud*), p. 82.

à sa manière, gonflé, soulevé de soupirs. La vie du cœur, forte et confuse, comprend, mêle tous les amours. Un tel mot se prête à merveille au langage à double entente.

Qui le comprend le mieux ? Les femmes : chez elles la vie du cœur est tout. Cet organe, passage du sang, et fortement influencé par les révolutions du sang, n'est pas moins dominant dans la femme que le sexe même.

Le cœur est la grande dévotion moderne depuis bientôt deux cents ans, et le sexe, une question bizarre qui se rapporte au sexe, a été pendant deux cents ans la pensée du moyen âge.

Chose étrange ! dans cette époque spiritualiste, une longue discussion, publique, solennelle, européenne, eut lieu, et dans les écoles, et dans les églises, en chaire, sur un sujet anatomique dont on n'oserait parler aujourd'hui qu'à l'École de médecine ! Quel sujet ? La conception [1]... Qu'on se représente tous ces moines, gens voués au célibat, dominicains, franciscains, creusant hardiment cette question, l'enseignant à tous, prêchant l'anatomie aux enfants, aux petites filles,

[1] V. entre autres livres, celui de Gravois, De ortu et progressu cultûs Immaculati conceptûs, 1764, in-4°.

les occupant de leur sexe, de son plus secret mystère.

Le cœur, organe plus noble, avait l'avantage de fournir une foule d'expressions d'un sens douteux, mais décentes, toute une langue de tendresses équivoques qui ne faisaient point rougir, et facilitaient le manége de la galanterie dévote.

Dès le commencement du dix-septième siècle, les directeurs, confesseurs, trouvent dans le *Sacré Cœur* un texte commode. Mais les femmes le prennent tout autrement au sérieux; elles s'exaltent, se passionnent; elles ont des visions. La Vierge apparaît à une paysanne de Normandie, et lui ordonne d'adorer le *cœur de Marie* [1]. Les visitandines s'intitulaient filles du *Cœur de Jésus ;* Jésus ne manque pas d'apparaître à une visitandine, M^lle^ Marie Alacoque, et lui montre son cœur entr'ouvert.

C'était une forte fille, très-sanguine, qu'on était obligé de saigner sans cesse. Elle était en-

[1] Eudes, frère de Mézerai, fondateur des Eudistes, écrivit la vie de cette paysanne, et fut le véritable fondateur du nouveau culte. Les jésuites reprirent la chose et en tirèrent profit (V. Tabaraud, p. 111). J'ai cherché inutilement l'ouvrage manuscrit d'Eudes dans toutes les bibliothèques. On l'aura fait disparaître.

trée à vingt-quatre ans au couvent, avec des passions entières; son enfance n'avait pas été misérablement étiolée, comme il arrive à celles qu'on enferme de bonne heure. Sa dévotion fut tout d'abord un violent amour, qui voulut souffrir pour l'objet aimé. Ayant ouï dire que Mme de Chantal s'était imprimé sur le cœur, avec un fer chaud, le nom de Jésus, elle en fit autant. L'Amant n'y fut pas insensible, et dès lors la visita. Ce fut à la connaissance et sous la direction d'une supérieure habile, que Marie Alacoque eut ces rapports intimes avec le divin Époux. Elle célébra ses épousailles avec lui; un contrat régulier fut dressé par la supérieure, et Marie Alacoque signa de son sang. Un jour qu'elle avait, dit son biographe, nettoyé de sa langue les vomissements d'un malade, Jésus fut si satisfait qu'il lui permit de coller sa bouche à l'une de ses divines plaies [1].

Il n'y avait là rien à voir pour la théologie. C'était une affaire de physiologie et de médecine. Mlle Alacoque était une fille d'un tempérament ardent, qu'exaltait le célibat. Elle n'é-

[1] Nulle légende plus soigneusement recueillie, V. Languet, Galiffet, etc.

tait nullement mystique, au sens propre de ce mot. Plus heureuse que Mme Guyon, qui ne vit point ce qu'elle aimait, celle-ci voyait et touchait le corps de l'Amant divin. Le cœur qu'il lui montrait dans sa poitrine entr'ouverte, était un viscère sanglant. L'extrême pléthore sanguine dont elle souffrait, et dont des saignées fréquentes ne pouvaient la soulager, lui remplissait l'imagination de ces visions de sang.

Les jésuites, grands propagateurs de la dévotion nouvelle, se gardèrent bien d'expliquer nettement s'il s'agissait de rendre hommage au cœur symbolique, au céleste amour, ou d'adorer le cœur de chair. Quand on les pressait de s'expliquer, ils répondaient diversement, selon les personnes, les temps et les lieux. Leur P. Galiffet faisait au même moment les deux réponses contraires : à Rome, il disait qu'il s'agissait du cœur symbolique ; à Paris, il imprimait qu'il n'y avait pas de métaphore, qu'on honorait la chair même [1].

L'équivoque fit fortune. En moins de quarante années, il se forma en France *quatre cent vingt-huit* confréries du Sacré Cœur !

[1] Les deux réponses se lisent aux pages 35 et 73 de Tabaraud, Des Sacrés Cœurs.

Je ne puis m'empêcher de m'arrêter un moment, et d'admirer dans tout ce siècle le triomphe de l'équivoque.

De quelque côté que je regarde, je l'y retrouve partout, dans les choses et dans les personnes. L'équivoque est sur le trône avec $M^{me}$ de Maintenon; cette personne, assise près du roi et devant laquelle les princesses sont debout, est-elle reine, ne l'est-elle pas?... L'équivoque est près du trône dans cet humble P. La Chaise, vrai roi du clergé de France, qui, d'un grenier de Versailles, distribue les bénéfices. Nos gallicans, si loyaux, les jansénistes, si scrupuleux, s'abstiennent-ils de l'équivoque? obéissants et rebelles, faisant la guerre à genoux, ils baisent le pied au pape en voulant lui lier les mains; ils gâtent leurs meilleures raisons par les *distinguo* et les faux-fuyants.

En vérité, quand je mets en présence du seizième et du dix-huitième siècle ce Janus du dix-septième, les deux autres m'apparaissent comme d'honnêtes siècles, tout au moins sincères dans le bien et dans le mal. Le dix-septième, avec sa majestueuse harmonie, qu'il couvre de choses fausses et louches! Tout est adouci, nuancé dans la forme, et le fond est souvent pire. Pour remplacer les inquisitions locales, vous avez la police des jésuites, armée du pouvoir du roi. Pour une Saint-Barthélemi, vous avez la longue, l'immense révolution religieuse qu'on appelle Révocation de l'édit de Nantes, cette cruelle comédie de la conversion forcée, puis la tragédie inouïe d'une proscription organisée par tous les moyens bureaucratiques et militaires d'un gouvernement moderne!... Bossuet chante le triomphe. Et le faux, le mensonge, la misère éclatent partout! Le faux dans la politique, la vie locale détruite sans créer la vie centrale. Le faux dans les mœurs; cette cour polie, ce monde d'honnêtes gens reçoit un jour inattendu de la *chambre des poisons;* le roi supprime le procès, craignant de trouver tout coupable! [1]... Et la dévotion, peut-elle être vraie avec de telles mœurs?... Ah! si vous reprochez au seizième son violent fanatisme, si le dix-huitième vous paraît cynique et sans respect humain, avouez donc aussi que le mensonge, le faux, l'hypocrisie est le trait dominant du dix-septième; le grand historien, Molière, a fait le

[1] Tout ceci apparaîtra dans un nouveau jour, dès qu'on pourra lire les pièces dans l'importante publication, relative aux prisons d'État, que prépare M. Ravaisson aîné, de la bibliothèque de l'Arsenal.

portrait du siècle, et trouvé son nom : Tartuffe.

Je reviens au Sacré Cœur, qu'à vrai dire je n'ai pas quitté, puisqu'il est, en ce siècle, l'exemple illustre et dominant du succès de l'équivoque. Les jésuites, qui en général ont peu inventé, ne trouvèrent pas celle-ci; mais ils sentirent parfaitement le parti qu'ils pouvaient en tirer. On a vu comment, peu à peu, tout en disant que les couvents de femmes ne les regardaient pas, ils s'y étaient rendus maîtres. La Visitation spécialement était sous leur influence [1]. La supérieure de Marie Alacoque, qui avait sa confidence et dirigeait ses rapports avec Jésus-Christ, avertit de bonne heure le P. La Chaise.

La chose venait à point. Les jésuites avaient bien besoin d'une machine populaire qu'ils pussent faire jouer, au profit de leur politique. C'était le moment où ils croyaient, ils disaient du moins au roi, que l'Angleterre, vendue par Charles II, allait au premier jour se convertir tout entière. L'intrigue, l'argent, les femmes, tout y était employé. Au roi Charles on donnait des maîtresses, à son frère des confesseurs. Les

[1] Au point que les visitandines, les filles du bon saint François, se firent, pour les jésuites, les gardiennes et les geôlières des religieuses de Port-Royal, lors de leur dispersion.

jésuites, qui, parmi leurs fourberies, sont si souvent chimériques, croyaient qu'en gagnant cinq ou six lords ils allaient changer toute cette masse protestante, qui est protestante, non de croyance seulement, mais d'intérêt, d'habitude et de vie, protestante à fond, et avec la ténacité anglaise.

Voilà donc ces grands politiques qui se glissent à pas de loup, s'imaginant qu'ils vont tout emporter par surprise. Un point essentiel pour eux, c'était de placer chez Jacques, le frère du roi, un prédicateur secret qui, dans sa chapelle privée, pût travailler à petit bruit, tenter quelques conversions. Pour remplir ce rôle de convertisseur, il fallait un homme séduisant, mais surtout ardent, fanatique; ils n'étaient pas communs alors. Cette qualité manquait au jeune homme que La Chaise avait en vue. C'est un P. La Colombière qui enseignait la rhétorique à leur collége de Lyon; prédicateur agréable[1], écrivain élégant et estimé de Patru, un bon sujet, doux et docile; il ne lui manquait

[1] Ses *Sermons* sont faibles. Ses *Retraites spirituelles* sont plus curieuses; c'est le journal du jeune jésuite; aux efforts qu'il fait pour s'exalter, on sent combien le fanatisme était déjà difficile. Son portrait, fort caractéristique, est en tête des *Sermons*.

qu'un peu de folie. Pour lui en donner, on l'approcha de Mlle Alacoque ; il fut envoyé à Paray-le-monial, où elle était, comme confesseur extraordinaire des visitandines (1675). Il avait trente-quatre ans, elle vingt-huit. Bien préparée par la supérieure, elle reconnut en lui le grand serviteur de Dieu que ses visions lui promettaient, et dès le premier jour elle vit dans le cœur ardent de Jésus son cœur uni au cœur du jésuite.

La Colombière, douce et faible nature, fut emporté, sans résistance, dans cet ardent tourbillon de passion, de fanatisme. On le tint un an et demi dans la fournaise. Puis, brûlant, on l'arrache de Paray, on le lance en Angleterre. On se défiait encore de lui, on craignait qu'il ne refroidît, et de temps à autre on lui envoyait quelques lignes ardentes, inspirées ; Marie Alacoque dictait, la supérieure écrivait.

Il resta ainsi deux ans chez la duchesse d'York, à Londres, si caché, si bien enfermé qu'il ne vit pas même Londres. On lui amenait mystérieusement quelques lords qui croyaient utile de se convertir à la religion de l'héritier présomptif. L'Angleterre ayant enfin surpris la conspiration papiste, la Colombière fut accusé, mené au Parlement, embarqué pour la France.

Il revint malade, et quoique ses supérieurs l'eussent renvoyé à Paray pour voir si la nonne pourrait le ressusciter, il y mourut de la fièvre.

Quelque peu porté qu'on soit à croire aux grands résultats amenés par les petites causes, on est obligé d'avouer que la misérable intrigue qu'on vient de lire eut pour la France et le monde un effet incalculable. On voulait gagner l'Angleterre, et l'on se montra à elle, non par les gallicans, qu'elle estimait, mais par les jésuites, dont elle eut toujours horreur. Au moment où le catholicisme devait, par prudence au moins, écarter les idolâtries que lui reprochaient les protestants, il en affiche une nouvelle, et la plus choquante, la charnelle et sensuelle dévotion du Sacré Cœur. Pour mêler l'horreur et le ridicule, c'est en 1685, dans l'année, à jamais néfaste, de la Révocation de l'édit de Nantes, que Marie Alacoque dresse le premier de ces autels qui couvrirent toute la France... On sait comment l'Angleterre, affermie par les jésuites dans le protestantisme et l'horreur de Rome, se fit un roi hollandais, emporta dès lors la Hollande dans son mouvement, et, par l'accord des deux puissances maritimes, obtint la domination des mers.

Les jésuites peuvent se vanter d'avoir bien solidement fondé le protestantisme en Angleterre. Tous les P. Mathieu du monde n'y changeront rien.

Leur œuvre politique, on l'a vue, elle est importante ; elle aboutit au mariage de l'Angleterre et de la Hollande, qui faillit tuer la France.

Et leur œuvre religieuse, quelle est-elle chez nous, aux vieux jours de Louis XIV ? Quel est le dernier emploi de cette toute-puissance des La Chaise et des Tellier ?... On le sait, la destruction de Port-Royal, une expédition militaire pour enlever quinze vieilles femmes, les morts arrachés de la terre, le sacrilége commis par la main de l'autorité[1]. Cette autorité mourante dans la terrible année 1709 qui semblait emporter la royauté et le royaume, ils l'employèrent en hâte à détruire leurs ennemis[2].

[1] V. le détail dans les Mémoires hist. sur Port-Royal (1756), et dans l'Histoire générale (1757).

[2] Ils les poursuivent encore avec rage aujourd'hui, spécialement les Sœurs qu'ils croient jansénistes. — Les jansénistes veulent souffrir et mourir en silence ; ils ne veulent pas que nous les plaignions. L'histoire ne peut s'associer à cette résignation de martyrs. Elle mentionnera comme un fait des plus curieux (et des plus inaperçus) l'excellente Revue qu'ils publient à petit nombre, et pour eux-mêmes (*Revue ecclésiastique*, rue Saint-Séverin, 4). C'est là qu'ils ont répondu avec force et modération aux déclamations inconvenantes

Port-Royal finit donc (1709), et le quiétisme avait fini (1698), et le gallicanisme même, la grande religion royale, avait été mise aux pieds du pape par le roi (1693). Voilà Bossuet couché dans la tombe, à côté de Fénélon, et celui-ci près d'Arnaud. Vainqueurs, vaincus, ils vont reposer dans la nullité commune.

L'emblème prévalant, et remplaçant tout système, on éprouve de moins en moins le besoin d'analyser, d'expliquer et de penser. On s'en félicite. L'explication la plus favorable à l'autorité est encore un compte-rendu, c'est-à-dire un hommage à la liberté de l'esprit. A l'ombre d'un emblème obscur, on peut désormais, sans formuler de théorie et sans donner prise, appliquer indifféremment la pratique de toutes les théories diverses qu'on a délaissées, les suivre alternativement ou concurremment, selon l'intérêt du jour.

Sage politique, belle sagesse, dont on couvre son néant. Dispensé de raisonner pour les au-

contre Port-Royal que le P. Ravignan faisait *dans Saint-Séverin même* (1842), et aux nouveautés ultramontaines que prêchait le jésuite, etc. — Qui croirait qu'en persécutant, outrageant les jansénistes, le parti des jésuites a osé revendiquer (à la Chambre des pairs) les noms des jansénistes illustres, par exemple celui de Rollin?... Hérite-t-on de ceux qu'on assassine?

tres, on perd le raisonnement; au jour du péril, on est désarmé. C'est ce qui leur arrive au dix-huitième siècle. La terrible polémique qui se fait alors, les trouve muets. Voltaire leur décoche cent mille flèches, sans les éveiller. Rousseau les serre et les brise, et il n'en tire pas un mot.

Qui répondrait alors? La théologie est ignorée des théologiens[1]. Les persécuteurs des jansénistes mêlent dans les livres publiés au nom de Marie Alacoque des opinions jansénistes et molinistes, et ils ne s'en doutent pas[2]. Ils rédigent, en 1708, le manuel qui depuis est la base de l'enseignement adopté dans nos séminaires, et ce manuel contient la doctrine toute nouvelle, qu'à chaque décision papale, Jésus-Christ *inspire* au pape de décider et *inspire* aux évêques d'obéir; tout est oracle, tout est miracle dans ce système grossier; la raison est décidément exterminée de la théologie.

Peu de dogmatique dès lors; encore moins

[1] Il y paraît singulièrement aujourd'hui. Quel spectacle de voir prêcher solennellement, devant la première autorité ecclésiastique, tel sermon qui, du premier mot au dernier, n'est qu'une hérésie!... — Les adversaires de leur théologie sont les seuls qui s'en souviennent.

[2] Tabaraud, Des Sacrés Cœurs, p. 38.

d'histoire sacrée, un enseignement qui serait nul si la vieille casuistique ne venait en remplir le vide d'immorales subtilités.

Le monde auquel seul ils s'adressent depuis longtemps, celui des femmes, est le monde de la sensibilité ; il n'exige nullement la science ; il veut des impressions plus que des idées. Moins on l'occupe d'idées, plus il est aisé de le fermer au mouvement extérieur, et de le rendre étranger au progrès du temps.

Dans une voie où la sainteté consiste à immoler l'esprit, plus le culte est matériel, mieux il immole l'esprit, plus il baisse, et plus il est saint. — Attacher le salut à l'exercice des vertus morales, ce serait exiger encore l'exercice de la raison ; qu'est-il besoin de vertu? Portez cette médaille ; *elle effacera vos crimes* [1]. » — La raison aurait encore une part dans la religion, si, comme la raison nous l'enseigne, il fallait, pour être sauvé, absolument aimer Dieu ; Marie Alacoque a vu qu'il suffisait *de ne point le haïr ;* les voués au Sacré Cœur sont sauvés sans condition.

[1] La médaille de l'Immaculée Conception, faite sous les auspices de M. de Quélen, a déjà sauvé des assassins et autres coupables. V. la Notice, par un lazariste, et les passages qu'en cite M. Génin, *Les Jésuites et l'Université*, p. 87-97.

Quand les jésuites furent supprimés, ils n'avaient entre les mains nul moyen religieux que ce paganisme, et c'est en lui qu'ils placèrent alors tout leur espoir de ressusciter. Ils firent faire des estampes où ils mettaient cette devise : « Je leur donnerai le bouclier de mon Cœur. »

Les papes, qui d'abord s'étaient inquiétés de la prise qu'un tel matérialisme donnait aux attaques des philosophes[1], ont mieux compris de nos jours qu'il leur était fort utile, s'adressant à un monde qui ne lit guère les philosophes, et qui, pour être dévot, n'en est pas moins matériel. Ils ont conservé la précieuse équivoque du cœur idéal et du cœur de chair, et défendu d'expliquer si le mot de Sacré Cœur désignait l'amour de Dieu pour l'homme ou tel morceau de chair sanglante[2]. En réduisant la chose à l'idée, on lui ôtait l'attrait passionné qui en a fait le succès.

Dès le dernier siècle, des évêques s'étaient avancés plus loin, déclarant que *la chair* était

[1] Lambertini, *De servorum Dei beatificatione*, t. IV, pars secunda, lib. 4, c. 30, p. 310. On pâtit à voir un homme d'esprit et de sens travailler, suer, pour n'être qu'à moitié absurde.

[2] Pie VI a condamné le concile de Pistoia, qui avait essayé de distinguer. Tabaraud, ibid., 79.

ici l'objet *principal*. Et cette chair, on l'avait placée dans certaines hymnes, après la Trinité, pour une quatrième personne.

Prêtres, femmes, jeunes filles, tous ont rivalisé depuis dans cette dévotion. J'ai dans les mains un manuel, fort répandu dans les campagnes, où l'on enseigne aux personnes de la confrérie, qui prient les unes pour les autres, comment on associe les cœurs, et comment ces cœurs réunis « doivent désirer d'entrer dans l'ouverture du Cœur de Jésus, et s'abîmer sans cesse dans cette plaie amoureuse. »

Les confrères, dans leurs manuels, ont trouvé parfois galant de mettre le cœur de Marie au-dessus du cœur de Jésus (V. celui de Nantes, 1769). Généralement, dans leurs estampes, elle est plus jeune que son fils, ayant vingt ans par exemple, quand il en a trente, en sorte qu'au premier coup d'œil il semble moins fils qu'époux ou amant. Cette année même, à Rouen, dans Saint-Ouen, à la chapelle du Sacré Cœur, j'ai vu sur un dessin que les demoiselles ont fait à la plume, et qui est approuvé au bas par l'autorité ecclésiastique, Jésus à genoux devant la Vierge agenouillée !

La plus violente satire des jésuites, c'est

celle qu'ils ont faite eux-mêmes, c'est leur art, les tableaux, les statues qu'ils ont inspirés. Ils sont déjà caractérisés par le mot sévère du Poussin, dont le Christ ne leur semblait pas assez joli : « On ne peut pas s'imaginer un Christ *avec un visage de torticolis ou de père Douillet.* » Le Poussin voyait encore la meilleure époque de l'art jésuite ; qu'aurait-il dit, grand Dieu ! s'il eût vu ce qui a suivi, cette coquetterie décrépite qui croit sourire, et grimace, ces œillades ridicules, ces yeux mourants, et le reste... Le pis, c'est que ceux qui n'ont plus d'idée que la chair, ne savent plus la représenter ; l'idée devenant de plus en plus matérielle et molle, la forme va s'effaçant, s'abaissant d'image en image, ignoble, bellâtre, douceâtre, lourde, mousse, c'est-à-dire informe[1]...

Tel art, tels hommes. Ceux qui inspirent cet

[1] En 1834, m'occupant d'iconographie chrétienne, je parcourus à la Bibliothèque royale les collections d'images du Christ. Celles qui ont été publiées dans les trente dernières années, sont ce que j'ai jamais vu de plus humiliant pour l'art et la nature humaine. Tout homme (philosophe ou croyant) qui a conservé quelque sentiment de religion, en sera indigné. Toutes les inconvenances, toutes les sensualités, toutes les passions basses, sont là : le séminariste jeunet, blondin, le prêtre licencieux, le robuste curé qui regarde à la Maingrat, etc. La gravure vaut le dessin, comme d'une pointe de bois dans du suif.

art, qui recommandent ces images, les mettent partout dans leurs églises, les répandent par milliers et par millions, il est difficile, je l'avoue, d'augurer bien de leur âme. Un tel goût est un signe grave. Beaucoup de gens immoraux gardent encore un sentiment d'élégance. Mais pour s'arrêter volontiers sur l'ignoble et sur le faux, l'âme doit être au plus bas.

Une vérité éclate ici, qu'il faut reconnaître. C'est que l'art est la seule chose inaccessible au mensonge. Fils du cœur, de l'inspiration naïve, il ne comporte pas l'alliage du faux, il ne se laisse pas violer, il crie, et si le faux triomphe, il meurt. Tout le reste s'imite et se joue. Ils ont bien pu faire une théologie au seizième siècle, une morale au dix-septième. Mais un art, jamais! On peut simuler le saint et le juste; comment simuler le beau?... Tu es laid, pauvre Tartuffe, laid tu resteras, c'est ton signe. Toi, atteindre jamais le beau, y toucher jamais! Mais ce serait impie par delà toute impiété... Le beau, c'est la face de Dieu!

# SECONDE PARTIE.

## DE LA DIRECTION EN GÉNÉRAL, ET SPÉCIALEMENT AU DIX-NEUVIÈME SIÈCLE.

# SECONDE PARTIE.

## DE LA DIRECTION EN GÉNÉRAL, ET SPÉCIALEMENT AU DIX-NEUVIÈME SIÈCLE.

## CHAPITRE I.

Ressemblances et différences entre le dix-septième et le dix-neuvième siècle. — Art chrétien. C'est nous qui avons relevé l'Église. Ce qu'elle ajoute à la puissance du prêtre. Le confessionnal.

Il y a deux objections à faire contre tout ce qu'on vient de lire, et je vais les faire.

I. « Les exemples sont pris dans le dix-septième siècle, dans une époque où la direction se trouvait influencée par des questions théologiques, qui n'occupent aujourd'hui ni le monde ni l'Église, par exemple la question de la Grâce et du Libre arbitre, la question du Quiétisme ou du repos dans l'Amour. » — J'ai répondu d'avance à ceci. Ces questions sont surannées, mortes, si l'on veut, comme théories; mais dans l'esprit et la *méthode pratique* qui dérive de ces théories, elles sont et seront toujours vivantes ; on ne trouvera plus des spéculatifs assez simples pour formuler expressément une doctrine de sommeil et d'anéantissement moral, mais on trouvera toujours assez d'empiriques pour pratiquer à petit bruit l'art des endormeurs. Si ceci n'est assez clair, je l'éclaircirai dans un moment plus qu'on ne voudra.

II. Autre difficulté : « Les exemples que vous tirez des livres et des lettres des grands hommes du grand siècle, concluent-ils assez pour le nôtre ? Ces profonds et subtils esprits, qui portèrent si loin la science du gouvernement des âmes, n'auront-ils pas donné dans des raffinements dont le vulgaire des confesseurs et directeurs ne peut même avoir idée ? Que pouvez-vous craindre de pareil des pauvres et simples prêtres que nous avons aujourd'hui ? Où sont, je vous prie, nos saints François de Sales, nos Bossuet, nos Fénélon ? Ne voyez-vous pas que le clergé non-seulement ne compte plus de tels génies, mais qu'il a baissé généralement et comme classe. La grande majorité des prêtres sortent de familles de campagne. Le paysan, lors même qu'il n'est pas pauvre, trouve commode d'alléger sa famille en plaçant un fils au séminaire. La première éducation, celle qu'on reçoit des parents avant toute éducation, leur manque totalement. Le séminaire ne répare nullement cet inconvénient d'origine et de condition première. Si l'on juge par ceux qui sont sortis des mains des sulpiciens, lazaristes, etc., on sera tenté de croire que c'est, chez les hauts meneurs, un parti bien arrêté de former des prêtres médiocres, d'autant plus dépendants et aveugles dans le mouvement qu'on leur imprime contre leurs intérêts réels... Que craignez-vous donc? Cet abaissement intellectuel du clergé n'est-il pas assez rassurant? Comment ceux-ci suivraient-ils dans la confession et la direction la savante tactique du prêtre des temps passés? Les dangers que vous signalez sont imaginaires. »

Il est facile de répondre :

La distinction de l'esprit, la forte culture, ne sont pas si nécessaires qu'on pense, pour dominer les âmes qui veulent être dominées. L'autorité, le caractère, le lieu, le costume, donnent force au prêtre, et suppléent en lui ce qui manque à l'homme. C'est moins par l'habileté que par la suite et la persévérance, qu'il prend ascendant. S'il est peu cultivé, il est aussi moins distrait par la variété des idées nouvelles, qui sans cesse nous traversent, nous hommes modernes, nous amusent et nous fatiguent. Moins d'idées, de vues, de projets, mais un intérêt, un but, et toujours le même but qu'on suit invariablement, c'est le moyen d'arriver.

Est-ce à dire que, pour être grossier, on ait moins de ruse ? Les paysans sont des gens avisés, souvent pleins d'astuce, d'une infatigable constance à suivre tel petit intérêt. Voyez que d'années, de moyens divers, de moyens souvent obliques, celui-ci emploiera pour ajouter deux pieds de terre à sa terre. Croyez-vous que son fils, M. le curé, sera moins patient, moins ardent pour gagner une âme, pour dominer telle femme, pour entrer dans telle famille ?

Ces races de paysans ont souvent beaucoup de sève, une certaine sève qui tient au sang, au tempérament, qui donne de l'esprit ou qui en dispense. Celles du Midi surtout, où le clergé fait ses principales recrues, lui fournissent d'intrépides parleurs qui n'ont besoin de rien savoir, et qui, par leur ignorance même, sont peut-être en rapport plus direct avec les simples personnes auxquelles ils s'adressent. Ils parlent haut, fort et ferme ; des gens instruits seraient plus réservés, moins propres à fasciner les faibles ; ils n'oseraient tenter si hardiment, dans les choses spirituelles, un magnétisme grossier.

Là, je dois l'avouer, il y a une différence grave entre notre siècle et le dix-septième, où le clergé, de tous les partis, était si lettré. Cette culture, ces vastes études, cette grande activité théologique et littéraire, étaient pour le prêtre d'alors la distraction la plus puissante au milieu des tentations. La science, tout au moins la controverse et la dispute, lui créaient, dans une situation souvent très-mondaine, une sorte de solitude, un *alibi*, pour ainsi dire, qui le préservait. Les nôtres qui n'ont rien de tout cela, qui de plus sortent de fortes et matérielles races, et qui ne savent comment employer cette force embarrassante, combien il leur faut de vertu !

Les grands hommes d'où nous tirions nos exemples tout à l'heure, avaient contre la concupiscence spirituelle et charnelle une défense merveilleuse... mieux qu'une défense, des ailes qui les enlevaient de terre, au moment critique, par-dessus la tentation. Par ces ailes, j'entends l'amour de Dieu, l'amour du génie pour lui-même, son naturel effort pour rester haut et monter, l'horreur qu'il a de descendre.

Chefs du clergé de France, le seul qui fût vivant alors, responsables au monde de ce qui subsistait de leur foi, ils tinrent leur cœur au niveau de ce rôle immense. Une pensée fut la gardienne de leur vie, une pensée qu'ils réprimaient, mais qui ne les soutint pas moins dans les épreuves délicates, c'est qu'en eux résidait l'Église.

Leur grande expérience et du monde et de la vie intérieure[1], ce tact, ce maniement habile des hommes et des choses, loin d'affaiblir la moralité, comme on pourrait le croire, la défendit plutôt en eux, les mettant à même de sentir et de pressentir les périls, de voir venir l'ennemi, de ne pas lui laisser l'avantage des attaques imprévues, au moins de savoir éluder.

[1] Encore une grande différence entre eux et ceux d'aujourd'hui. Ceux-ci ne savent ni les précédents, ni les nuances, ni le temps, ni les personnes. Dès qu'ils sortent de leur souterrain, ils sont effarouchés, brusques, tout d'abord violents; ils heurtent au hasard, ils tombent sur le passant qui est forcé de les battre.

On vient de voir comme Bossuet arrête au premier mot les molles confidences d'une faible religieuse. Le peu que nous avons dit de la direction de Fénélon montre assez comment le dangereux directeur glissait entre les dangers.

Ces personnes éminemment *spirituelles* pouvaient suivre longues années, entre ciel et terre, cette tendre dialectique de l'amour de Dieu. En est-il de même aujourd'hui entre gens qui n'ont pas d'ailes, qui marchent et ne volent point. Incapables de ces ingénieux circuits par lesquels la passion allait se jouant, s'éludant soi-même, ne risquent-ils pas de tomber dès les premiers pas?

Je sais bien que l'absence d'éducation première, dont nous parlions tout à l'heure, la vulgarité ou la gaucherie peuvent souvent mettre une barrière entre le prêtre et la femme délicate. Beaucoup de choses cependant, qu'on ne tolérerait pas dans un autre, lui comptent à lui pour mérites. La roideur, c'est austérité; la gaucherie, c'est la simplicité d'un saint qui n'a vécu qu'au désert. On lui applique d'autres règles qu'aux laïques, et plus indulgentes. Il tire avantage du caractère qui en fait un homme à part, et du costume, et du lieu, de cette mystérieuse église qui prête au plus vulgaire un poétique reflet.

Ce dernier avantage, qui le leur a donné? Nous-mêmes. C'est nous qui, dans notre candeur, avons relevé, rebâti en quelque sorte ces églises qu'ils méconnaissaient. Le prêtre faisait des Saint-Sulpice, et autres entassements de pierres. Les laïques lui ont retrouvé Notre-Dame, Saint-Ouen. Ils lui ont montré l'esprit chrétien dans ces pierres vivantes [1], et il ne l'a pas vu; ils le lui ont enseigné, et il ne l'a pas compris... Et combien le malentendu a-t-il

[1] Qu'il me soit permis de rappeler, contre tant d'ineptes attaques, que j'ai fait deux choses pour l'art du moyen âge : 1° *j'en ai expliqué le principe et la vie*, ce que n'avaient point fait mes illustres prédécesseurs dans cette carrière, ni les Allemands, ni les Français; 2° *j'en ai expliqué la ruine*, indiqué les causes de mort que cet art portait en lui. Je l'ai admiré, mais je l'ai classé, sans me laisser emporter par une admiration exclusive. Voir mon Histoire de France (1833), au dernier chapitre du t. II, et surtout aux dix dernières pages. — Dans ce même volume, j'ai commis une grave erreur que je dois rectifier. En parlant du célibat ecclésiastique (à propos de Grégoire VII), j'ai dit que jamais des hommes mariés n'auraient pu élever ces monuments sublimes, cette flèche de Strasbourg, etc. Il se trouve, tout au contraire, que les architectes des églises gothiques étaient des laïques, le plus souvent mariés. Celui de Strasbourg, Erwin de Steinbach, eut une fille célèbre, Sabina, qui elle-même était artiste.

duré ? Pas moins de quarante ans, depuis l'apparition du *Génie du christianisme*. Le prêtre ne voulait pas nous croire, quand nous lui expliquions cette maison sublime; il ne la reconnaissait pas... Pourquoi s'en étonner? Elle n'appartient qu'à ceux qui l'ont comprise [1].

Il s'est ravisé cependant à la longue. Il a trouvé politique et habile de dire comme nous, de vanter l'art chrétien. Il s'est paré de son église, s'est renveloppé de ce glorieux manteau, il y pose triomphalement. La foule, vient, voit, admire... Certes, si l'on juge de l'homme habillé par l'habit, celui qui se revêt d'une Notre-Dame de Paris, d'une cathédrale de Cologne, c'est apparemment le géant du monde spirituel. Alexandre, à son départ de l'Inde, voulant tromper l'avenir sur la taille de ses Macédoniens, fit tracer sur

[1] Et ceux qui l'ont comprise, sont les seuls qui la respectent et la regrettent. — Si nous étions les mortels ennemis de ces églises, nous ferions ce que l'on fait aujourd'hui ; nous en ferions disparaître tout ce qui les rend vénérables, la couleur antique, la mousse des vieux âges, les mutilations. Nous effacerions tout cela ; nous y mettrions des statues de tous les siècles, comme on veut faire à Notre-Dame, et nous en ferions un musée. L'église a résisté aux révolutions, au temps; elle ne résistera pas à la conjuration du maçon et du prêtre. Le maçon a fait croire au prêtre qu'on faisait du gothique en 1845. A eux deux, les voilà qui grattent, bouleversent, démolissent le vieux gothique, sûrs d'en faire un nouveau.

la terre un camp où la place de chaque homme était de dix pieds. Quelle place que cette église, quelle demeure, et quel hôte immense y doit donc habiter !... La fantasmagorie ajoute encore ici à la grandeur. Toute proportion change. L'œil trompé se ment à lui-même. Lumières sublimes, ombres puissantes, tout au profit de l'illusion. L'homme qu'à sa mine basse vous preniez dans la rue pour le magister du village, ici c'est un prophète... Il est transfiguré par ce cadre grandiose ; sa lourdeur devient force et majesté ; sa voix a des échos formidables. La femme et l'enfant ont peur.

Qu'elle revienne chez elle, cette femme, tout est prosaïque et mesquin. Eût-elle pour mari un Pierre Corneille, s'il habite la triste maison que l'on montre encore, elle le prend en pitié. La grandeur intellectuelle dans un entresol ne la frappera guère. Elle compare, et elle est triste, aigrement douce. Le mari patiente, il sourit ou fait semblant : « Son directeur lui tourne la tête, » dit-il tout haut ; et tout bas, à lui-même : « Après tout, elle ne le voit qu'à l'église. » Mais quel lieu, je vous prie, plus puissant que l'église sur l'imagination, plus riche en illusions, plus fascinateur ? C'est l'église justement qui ennoblit l'homme, vulgaire ailleurs, qui le grandit, l'exagère, lui prête sa poésie.

Voyez-vous cette solennelle figure qui, sous l'or et la pourpre des habits pontificaux, monte avec la pensée d'un peuple, la prière de dix mille hommes, au triomphal escalier du chœur de Saint-Denis? Le voyez-vous encore, qui, sur tout ce peuple à genoux, plane à la hauteur des voûtes, porte la tête dans les chapiteaux, parmi les têtes ailées des anges, et de là lance la foudre... Eh bien! c'est lui, cet archange terrible, qui tout à l'heure descend pour elle, et maintenant doux et facile, vient, là-bas, dans cette chapelle obscure, l'entendre aux heures languissantes de l'après-midi!... Belle heure! orageuse et tendre (et pourquoi donc le cœur nous bat-il si fort ici?)... Comme elle est déjà sombre, cette église! il n'est pourtant pas tard encore. La grande rose du portail flamboie au soleil cou chant... Mais c'est tout autre chose au chœur, des ombres graves s'y étendent, et derrière c'est l'obscurité... Une chose étonne et fait presque peur, d'aussi loin que l'on regarde, c'est, tout au fond de l'église, ce mystère de vieux vitraux qui, ne montrant plus de dessin précis, scintillent dans l'ombre comme un illisible grimoire de caractères inconnus... La chapelle n'en est pas moins obscure; vous n'en distinguez plus les ornements, les délicates nervures qui se nouaient à la voûte; l'ombre s'épaississant arrondit et confond les formes. Mais, comme si cette chapelle sombre n'était pas encore assez sombre, elle enferme dans un coin l'étroit réduit de chêne noir, où cet homme ému, cette femme tremblante, réunis si près l'un de l'autre, vont causer tout bas de l'amour de Dieu.

## CHAPITRE II.

LA CONFESSION. Éducation actuelle du jeune confesseur. — Le confesseur du moyen âge : 1° croyait ; 2° se mortifiait ; 3° était supérieur par la culture ; 4° devait moins interroger. — Les casuistes ont écrit pour leur temps. — Écueils du jeune confesseur. Comment il raffermit sa position ébranlée.

---

Un digne prêtre de paroisse m'a dit souvent que la plaie de son état, son désespoir à lui-même et le tourment de sa vie, c'était la confession.

Les études par lesquelles on s'y prépare au séminaire sont telles que le tempérament y périt souvent ; le corps y succombe, l'âme en reste énervée, souillée.

L'éducation laïque qui n'affiche aucune prétention à l'excès de la pureté, et dont les élèves vivront un jour de la vie commune, a pourtant grand soin d'écarter des yeux du jeune homme les trop séduisantes images qui troublent les sens. L'éducation ecclésiastique au contraire, qui prétend former des hommes au-dessus de l'homme, des vierges, de purs esprits, des anges, fixe précisément l'attention de ses élèves sur les choses qui leur seront pour toujours interdites, et leur donne pour objets d'étude des tentations terribles, à faire damner tous les saints. On a cité les livres imprimés, mais on n'a pas cité les cahiers par lesquels se complète l'éducation des séminaires dans les deux dernières années; ces cahiers contiennent ce que les plus intrépides n'ont jamais osé publier.

Je ne puis reproduire ici ce que m'ont révélé sur cette éducation insensée ceux qui en ont souffert, et qui y ont presque péri. Personne ne se représentera l'état d'un pauvre jeune homme, très-croyant encore, très-sincère, se débattant entre les terreurs et les tentations dont on l'entoure à plaisir, entre deux inconnus, dont un seul le rendrait fou, *la femme! l'enfer!*... et cependant contraint sans cesse de regarder l'abîme, aveuglé, sur ces livres immondes, de tempérament, de sang, de jeunesse.

Cette imprudence inouïe est venue primitivement de la supposition toute scolastique qu'on pouvait isoler parfaitement l'âme et le corps. On s'est figuré qu'on les mènerait, comme deux coursiers d'allures diverses, l'un à droite et l'autre à gauche. On n'a pas songé que dans ce cas, il en serait de l'homme comme du char sculpté au fronton du Louvre, qui, tiré dans les deux sens, doit sans faute être mis en pièces.

Quelque diverses que les deux substances soient de nature, il n'est que trop sensible qu'elles sont mêlées dans l'action. Pas un mouvement de l'âme qui n'agisse sur le corps, et le corps réagit de même. La guerre la plus cruelle au corps tuera le corps plus aisément qu'il n'empêchera son action sur l'âme. Croire qu'un vœu, quelques prières, une robe noire sur le dos, vont vous délivrer de la chair et vous faire un pur esprit, n'est-ce pas chose puérile?

On objectera le moyen âge, cette foule d'hommes qui ont vécu d'une vie mortifiée.

Ici je n'ai pas une réponse, j'en ai vingt, et sans réplique. Il est trop facile de montrer que le prêtre en général, et spécialement le confesseur, n'étaient nullement alors ce qu'ils sont depuis deux siècles.

I. La première réponse semblera peut-être dure : *Alors, le prêtre croyait.* — « Quoi ! le prêtre ne croit-il plus ? Voulez-vous dire qu'en parlant de sa foi avec tant de force, il soit hypocrite et menteur ? » — Non, je veux bien qu'il soit sincère. Mais il y a croire et croire ; il y a bien des degrés dans la foi. On raconte que Lope de Vega (qui, comme on sait, était prêtre) ne pouvait officier ; au moment du sacrifice, il se représentait trop vivement la Passion, fondait en larmes et se trouvait mal. Comparez ceci maintenant à la coquette pantomime du jésuite qui joue la messe à Fribourg, ou du prélat que j'ai vu préoccupé de faire valoir à l'autel sa blanche petite main.

Le prêtre croyait, et *sa pénitente croyait.* Des terreurs inouïes, de miracles, de diables, d'enfer, remplissaient l'église. Le mot « Dieu t'entend » n'était pas gravé seulement dans le bois, mais dans le cœur. Ce n'était pas une planche qui séparait le confessionnal, mais le glaive de l'Archange, la pensée du Jugement.

II. Si le prêtre parlait au nom de l'esprit, il en avait quelque droit, ayant acheté le pouvoir spirituel par le *suicide du corps*. Les longues prières de nuit auraient suffi pour l'user. Mais on y pourvoyait plus directement par l'excès du jeûne. Le jeûne était le régime de ces pauvres et rudes écoles des Mendiants, des Cappets, dont la table famélique vivait d'arguments. Demi-morts avant l'âge d'homme, ils glaçaient leur sang par des herbes d'un froid mortel, et l'épuisaient par des saignées. Le nombre des saignées auxquelles on soumettait les moines, était prévu dans leurs règles. L'estomac ne manquait guère de se détruire, les forces ne se réparaient plus. Saint Bernard et sainte Thérèse étaient affaiblis par de continuels vomissements; le sens même du goût se perdait; le saint, dit son biographe, prenait du sang pour du beurre. — Le mot de *mortification* n'était pas alors un vain mot; il n'y avait pas isolement du corps et de l'âme, mais bien suppression du corps.

III. Le prêtre se croyait en ce sens l'homme de l'esprit, et il l'était effectivement par la *supériorité de culture*. Il savait tout, l'autre rien. Lors même que le prêtre était jeune, il était vraiment le père, l'autre était l'enfant. — Aujourd'hui, c'est tout le contraire; le laïque, celui des villes au moins, a généralement plus d'instruction que le prêtre; le paysan même, qui a une famille, des intérêts, des affaires, qui a passé par l'armée, a plus d'expérience que son curé, plus de connaissances réelles ; s'il parle plus mal, il n'importe. Le contraste est bien plus grand, lorsque ce prêtre inexpérimenté qui n'a connu que le séminaire, voit à ses genoux une femme du monde, d'intrigue, de passion, qui, par exemple, à trente-cinq ans, a traversé tout ce qu'il y a de sentiments et d'idées. Quoi ! c'est elle qui demande conseil, c'est elle qui l'appelle : Mon père. Mais chaque mot qu'elle lui dit est une révélation pour lui ; il est étonné, effrayé intérieurement. S'il n'a la sagesse de se taire, il dira des choses absurdes. Sa pénitente qui arrivait tout émue, va s'en aller en riant.

IV. Il y a encore une différence qui ne frappera guère que ceux qui connaissent le moyen âge : *La langue n'était pas déliée,* comme elle l'a été depuis. Personne n'ayant encore nos habitudes d'analyse et de développement, la confession devait se réduire à une déclaration du péché, sans détail des circonstances. Encore moins, pouvait-on déduire les phénomènes qui accompagnent la passion, les désirs, les doutes, les craintes, qui lui donnent la force d'illusion et de mirage, et la rendent contagieuse. Il y avait, si l'on veut, confession ; mais la femme ne savait pas dire, ni le confesseur entendre ; elle ne pouvait ouvrir le vrai fonds de sa pensée, et il n'eût pas su l'atteindre. Aveu d'une part, de l'autre sentence, c'était tout ; il n'y avait pas dialogue, confidence, épanchement.

Si le prêtre n'a pas assez d'imagination et d'esprit pour poser les questions, il a en main depuis deux siècles des questions toutes posées, qu'il adressera par ordre, et par lesquelles il forcera la pénitente à chercher dans sa pensée, à creuser son propre secret pour le livrer tout entier, à ouvrir son cœur fibre à fibre, fil à fil, pour ainsi dire, et dévider devant lui l'écheveau complet que dès lors il tient en main.

Ce terrible instrument d'enquête, qui dans une main maladroite peut gâter l'âme en la fouillant, aurait au moins grand besoin de changer quand les mœurs changent. La morale ne varie pas, mais les mœurs varient selon les temps ; ils ne se sont pas douté de cette vérité si simple. Ils en sont restés aux mœurs de l'époque où le mouvement intellectuel a cessé pour eux. Les manuels qu'on met entre les mains du jeune confesseur s'appuient sur les casuistes que Pascal a enterrés. Quand même l'immoralité de leurs solutions n'eût pas été démontrée, daignez donc vous rappeler qu'Escobar, Sanchez, posaient des questions pour une époque horriblement corrompue dont, grâce à Dieu, nous sommes loin. Leur casuistique à son origine s'adresse au monde écumeux, fangeux que laissèrent après elles les guerres de religion. Vous trouvez là tel crime qui peut-être ne fut jamais commis que par les affreux soldats du duc d'Albe, ou par les bandes sans patrie, sans loi, sans Dieu, que traînait Wallenstein, vraies Sodomes errantes dont l'ancienne eût eu horreur.

On ne sait comment qualifier cette coupable routine ! Ces livres, faits pour une époque barbare, unique en forfaits, ce sont les mêmes qu'aujourd'hui, en pleine civilisation, vous donnez à vos élèves.

Et ce jeune prêtre, qui, d'après vous, croit que le monde est encore ce monde effroyable, qui arrive au confessionnal[1] avec toute cette vilaine science, l'imagination meublée de cas monstrueux, vous le mettez, imprudents ! (ou

[1] Relire les belles pages de P. L. Courrier, et celles de M. Génin, si spirituelles, si éloquentes, tout ardentes d'une indignation d'honnête homme. *Les Jésuites et l'Université*, partie II, ch. V.

comment vous nommerai-je?) en face d'une enfant qui n'a pas quitté sa mère, qui ne sait rien, n'a rien à dire, dont le plus grand crime est d'avoir mal appris son catéchisme ou blessé un papillon.

Je frémis de l'interrogatoire qu'il va lui faire subir, de tout ce qu'il va lui apprendre dans sa brutalité consciencieuse. Mais il a beau demander... Elle ne sait rien, ne dit rien. Il la gronde, et elle pleure. Les pleurs seront bientôt séchés, mais elle rêvera longtemps...

Il y aurait un livre à faire sur les débuts du jeune prêtre, sur ses imprudences, toutes graves, toutes fatales à lui ou aux autres. La pénitente est parfois plus avisée que le confesseur. Elle s'amuse à le voir venir, elle le regarde froidement qui s'anime et s'avance trop... Tel qui s'oubliait dans son rêve passionné, est réveillé brusquement par la leçon que lui donne à genoux une femme spirituelle et moqueuse.

Leçon cruelle qui lui a fait sentir le froid de l'acier... On n'éprouve pas une telle chose sans en rester longtemps amer, parfois méchant pour toujours. Il savait bien, le jeune prêtre, qu'il était la victime, le déshérité de ce monde, mais il ne l'avait pas senti... Un fiel immense lui monte au cœur. Il prie Dieu que le monde meure !... (s'il peut encore prier Dieu ?)

Puis, revenant sur lui-même et se voyant pris sans remède dans ce noir linceul, dans cette robe de mort qu'il portera jusqu'à la mort, il s'y enfonce, en la maudissant ; il avise quel parti il tirera de son supplice.

Et le seul parti à prendre, c'est de raffermir sa position de prêtre. Il le fera par deux moyens, par l'intelligence avec les jésuites et par l'assiduité servile près de monseigneur l'évêque. Je lui recommande surtout d'être violent contre les philosophes, d'aboyer *au panthéisme*. Qu'il noircisse aussi ses confrères, et il se blanchira d'autant mieux. Qu'il prouve qu'il sait haïr, on lui pardonnera l'amour.

Son corps va désormais le protéger, le défendre, le couvrir. Ce qui eût perdu le prêtre isolé, devient la sainteté même dès qu'il est homme de parti. Il allait être interdit, envoyé peut-être six mois à la Trappe ; il devient vicaire-général.

Seulement, qu'il soit prudent, dans les affaires délicates que le corps aime à cacher ; qu'il apprenne les arts du prêtre : Feindre, attendre, savoir se contenir, avancer, mais lentement, sur la terre quelquefois, et plus souvent sous la terre.

## CHAPITRE III.

La confession. Le confesseur et le mari. Comment on isole la femme. Le directeur. Les directeurs réunis. Police ecclésiastique.

---

Quand je songe à tout ce que contient le mot de *confession*, de *direction*, ce petit mot, ce grand pouvoir, le plus complet qui soit au monde, quand j'essaye d'analyser tout ce qui y est, je suis effrayé. Il me semble que je descends par la spirale infinie d'une mine profonde et ténébreuse... J'avais pitié tout à l'heure de ce prêtre, et maintenant j'en ai peur.

Il ne faut pas avoir peur ; il faut regarder en face. Formulons avec simplicité le langage du confesseur.

« *Dieu t'entend*, t'entend par moi ; par moi, Dieu te va répondre. » Tel se dit le premier mot, tel il est pris à la lettre. L'autorité est acceptée, comme infinie, absolue, sans chicaner sur la mesure.

« Mais tu trembles, tu n'oses dire à ce Dieu terrible tes faiblesses et tes enfances... Eh bien ! *dis-les à ton père;* un père a droit de connaître les secrets de son enfant, un père indulgent qui ne veut savoir qu'afin de pouvoir absoudre. Il est pécheur comme toi ; a-t-il droit d'être sévère ? Viens donc, enfant, viens et parle... Ce que tu n'as pas osé dire à l'oreille de ta mère, dis-le ; qui le saura jamais ? »

Alors, alors, parmi les soupirs, du sein gonflé, soulevé, le mot fatal monte aux lèvres ; il échappe et l'on se cache... Oh ! celui qui l'a entendu, a pris un grand avantage, et le gardera. Dieu veuille qu'il n'en abuse point !... Ce qui a entendu, prenez garde, ce n'est pas le bois, le chêne noir du vieux confessionnal ; c'est un homme de sang et de chair.

Et cet homme sait maintenant sur cette femme ce que le mari n'a pas su, dans les longs épanchements des nuits et des jours, ce que ne sait pas sa mère qui croit la voir tout entière, l'ayant eue tant de fois nue sur ses genoux.

Il sait, cet homme, il saura... N'ayez pas peur qu'il oublie. Si l'aveu est en bonne main, tant mieux, car c'est pour toujours... Elle aussi, elle sait bien qu'il y a un maître de sa pensée intime. Jamais elle ne passera devant cet homme sans baisser les yeux.

Le jour où ce mystère fut mis en commun, il était bien près d'elle, elle l'a senti... Assis plus haut, il pesait d'un ascendant invincible. Une force magnétique l'a soumise, car elle ne voulait pas dire, et elle a dit malgré elle. Elle s'est trouvée fascinée, comme l'oiseau sous le serpent.

Jusqu'ici pourtant, nul art du côté du prêtre. La force des choses a tout fait, celle de l'institution religieuse et celle de la nature. Prêtre, il l'a reçue à ses genoux, écoutée. Puis, maître de son secret, de sa pensée, de la pensée d'une femme, il s'est retrouvé homme, sans le vouloir ni le savoir peut-être, et il a mis sur elle, affaiblie et désarmée, la main pesante de l'homme.

Et la famille, maintenant? le mari?... Qui osera dire que sa situation est la même qu'auparavant?

Tout homme qui réfléchit sait trop bien que la pensée est dans la personne ce qu'elle a de plus personnel. Le maître de la pensée est celui à qui la personne appartient. Le prêtre tient l'âme, dès qu'il a le gage dangereux des premiers secrets, et il la tiendra de plus en plus. Voilà un partage tout fait entre les époux, car maintenant il y en aura deux, l'âme à l'un, à l'autre le corps.

Notez que dans ce partage, vraiment l'un des deux a tout; l'autre, s'il garde quelque chose, le garde par grâce. La pensée, de sa nature, est dominante, absorbante; l'arbitre de la pensée, dans le progrès naturel de cette domination, ira réduisant toujours la part qui semblait rester à l'autre. Ce sera déjà beaucoup si le mari, veuf de l'âme, conserve l'involontaire, l'inerte et morte possession. Chose humiliante, de n'obtenir rien de ce qui fut à vous que sur autorisation et par indulgence[1], d'être vu, suivi dans

[1] Saint François de Sales, le meilleur de tous, a lui-même compassion du pauvre mari. Il lève certain scrupule de la femme, etc. Cette bonté même est ici singulièrement humiliante. (V. éd. 1833, t. VIII, p. 254, 312, 347-348.) Le mariage, qui pourtant est un sacrement, apparaît ici comme à genoux devant la direction, il semble demander pardon et faire amende honorable.

l'intimité la plus intime par un témoin invisible qui vous règle et vous fait votre part... de rencontrer dans la rue un homme qui connaît mieux que vous vos plus secrètes faiblesses, qui salue humblement, se détourne et rit...

. . . . . . . . . . . . . . . . . . . .

Ce n'est rien d'être puissant, si l'on n'est pas seul puissant... Seul! Dieu ne partage pas.

C'est la raison dont le prêtre se paie certainement lui-même, dans ses persévérants efforts pour isoler cette femme, affaiblir ses liens de famille, miner surtout l'autorité rivale, je veux dire celle du mari. Le mari pèse fort au prêtre. S'il souffre, ce mari, d'être si bien connu, épié, vu, quand il est seul, celui qui voit souffre encore plus. Elle vient à chaque instant lui dire innocemment des choses qui le mettent hors de lui. Souvent il voudrait l'arrêter, il lui dirait volontiers: « Grâce, madame, en voilà trop! » Et quoique ces détails le fassent souffrir en damné, il en veut encore davantage, il exige qu'elle descende, dans ces aveux, humiliants pour elle et cruels pour lui, aux plus tristes circonstances.

Le confesseur d'une jeune femme peut se définir hardiment, l'envieux du mari, et son ennemi secret. S'il en est un qui fasse exception à ceci (et je veux bien le croire), c'est un héros, un saint, un martyr, un homme au-dessus de l'homme.

Tout le travail du confesseur, c'est d'isoler cette femme, et il le fait en conscience. C'est un devoir pour celui qui la mène dans la voie du salut, de la dégager peu à peu de tous les liens de la terre. Il y faut du temps, de la patience, de l'adresse. Il ne s'agit pas de rompre d'un coup de si fortes chaînes; mais de bien découvrir d'abord de quels fils se compose chaque chaîne, et, fil à fil, de limer, d'user.

Il use et lime à son aise, celui qui, chaque jour, éveillant de nouveaux scrupules, inquiète une âme timide sur la légitimité des plus saints attachements. S'il en est un d'innocent, c'est encore après tout une attache terrestre, un vol fait à Dieu; Dieu veut tout... Plus de parenté, d'amitié, il faut qu'il ne reste rien. « Un frère? » Non, c'est encore un homme. — « Mais au moins ma sœur? ma mère?... » — Non, il vous faut quitter tout... Quitter d'âme et d'intention; vous les verrez toujours, ma fille, rien ne paraîtra changé; seulement, fermez bien votre cœur. »

La solitude morale s'établit ainsi tout autour.

Les amis s'en vont rebutés par une politesse glaciale. Il fait froid dans cette maison... Pourquoi cet étrange accueil ? Ils ne peuvent le deviner ; elle-même ne le sait pas toujours. La chose est commandée, n'est-ce pas assez ? L'obéissance consiste à obéir sans raison.

Il fait froid ici, c'est tout ce qu'on peut dire. Le mari trouve la maison plus grande et plus vide. Sa femme est devenue tout autre ; présente, elle a l'esprit absent ; elle agit, comme n'agissant pas ; elle parle, comme ne parlant pas. Tout est changé dans leurs habitudes intimes, toujours par bonne raison : « Aujourd'hui, c'est jeûne. » — Et demain ? — « C'est fête. » — Le mari respecte cette austérité ; il se ferait un scrupule de troubler une si haute dévotion, il se résigne tristement : « Cela devient embarrassant, dit-il, je ne l'avais pas prévu ; ma emme devient une sainte. »

Il y a dans cette triste maison des amis de moins, mais il y en a un de plus, et très-assidu. Le confesseur habituel est maintenant directeur. Grand et considérable changement.

Comme confesseur, il la recevait à l'église, aux heures connues. Comme directeur, il la visite à son heure, la voit chez elle, parfois chez lui.

Confesseur, il était le plus souvent passif, écoutait beaucoup, parlait peu ; s'il prescrivait, c'était en peu de mots. Directeur, il est actif ; non-seulement il prescrit des actes, mais ce qui est bien plus au fond, par la causerie intime, il influe sur les pensées.

Au confesseur, on dit les péchés; on ne lui doit rien de plus. Au directeur, on dit tout, on se dit soi-même et les siens, ses affaires, ses intérêts. Celui à qui l'on confie le plus grand intérêt, celui du salut éternel, comment ne lui confierait-on pas de petits intérêts temporels, le mariage de ses enfants, le testament qu'on projette, etc. etc.?

Le confesseur est obligé au secret, il se tait (ou devrait se taire). Le directeur n'a point cette obligation. Il peut révéler ce qu'il sait, surtout à un prêtre, à un autre directeur. Supposons dans une maison une vingtaine de prêtres (ou un peu moins, par égard pour la loi d'association), qui soient les uns confesseurs, les autres directeurs des mêmes personnes; comme directeurs, ils peuvent échanger leurs renseignements, mettre en commun sur une table mille ou deux mille consciences, en combiner les rapports, comme les pièces d'un jeu d'échecs, en régler d'avance les mouvements, les intérêts, et se distribuer à eux-mêmes les rôles qu'ils doivent jouer pour mener le tout à leurs fins.

Les jésuites seuls autrefois travaillaient ainsi d'ensemble. Il ne tient pas aujourd'hui aux meneurs du clergé que ce corps tout entier, dans sa tremblante obéissance, ne joue à ce vilain jeu [1]. Tous communiquant avec tous, il résulterait de ces secrets révélés une vaste et mystérieuse science, dont se trouverait armée la police ecclésiastique, cent fois plus forte alors que celle de l'État ne peut l'être.

Ce qui manquerait à la confession des maîtres, on le suppléerait aisément par celle des domestiques, valets et servantes. L'association des Blandines de Lyon, imitée en Bretagne, à Paris, et ailleurs, suffirait seule pour éclairer tout l'intérieur des familles. On a beau les connaître, on ne les emploie pas moins ; elles sont douces et dociles, servent très-bien leurs maîtres, savent voir et écouter.

[1] On le sait de reste par les prêtres loyaux qui ne veulent pas s'y prêter. V. plus loin, p. 304.

Heureux père de famille, qui a une telle femme, si vertueuse, de tels domestiques, doux et humbles, honnêtes, pieux... Ce que souhaitait cet ancien, de vivre dans une maison de verre où chacun pût toujours le voir, il l'a sans l'avoir souhaité. Pas un mot de lui n'est perdu. Il parle plus bas, mais la fine oreille a tout entendu. S'il écrit sa pensée intime, ne voulant la dire, elle est lue, par qui? on l'ignore. Ce qu'il rêve sur l'oreiller, il est bien étonné le lendemain de l'entendre dans la rue.

## CHAPITRE IV.

Habitude. Sa puissance. Ses commencements insensibles ; son progrès. Seconde nature ; souvent funeste. Un homme exploitant la puissance de l'habitude. Peut-on s'en dégager ?

---

Si la domination spirituelle est vraiment spirituelle, si l'empire sur la pensée s'obtient par la pensée même, par la supériorité du caractère et de l'esprit, alors il faut la subir ; il ne reste qu'à se résigner. La famille réclamera sans doute, mais réclamera en vain.

Il n'en est pas ainsi généralement. L'influence dont nous parlons ne suppose nullement, comme condition essentielle, les dons brillants de l'esprit. Ils servent sans doute celui qui les a, et néanmoins, s'il les a à un degré éminent, ils peuvent lui nuire. La supériorité éclatante, qui semble toujours une prétention de régner, met les esprits en défiance, avertit les moins prudents, et ferme la porte aux commencements qui font tout ici [1]. Les médiocres n'alarment pas, ils ont l'entrée plus facile. Plus faibles sont-ils, moins ils sont suspects, plus ils sont forts en un sens... Le fer grince sur le roc, il s'y émousse et s'épointe. Mais l'eau, qui s'en défierait? Molle, incolore, insipide; si pourtant elle tombe toujours à la même place, elle creusera à la longue le roc et le caillou.

Tenez-vous à cette fenêtre tous les jours à certaine heure de l'après-midi. Vous verrez passer dans la rue un homme pâle qui regarde à terre, toujours par la même rue, toujours serrant les maisons sur la même ligne de pavé. Là où il mit le pied hier, il met le pied aujourd'hui, et il le mettra demain; il userait le grès, si on ne le renouvelait. Et par cette même rue, il va à une même maison, il monte à un même étage, et dans le même cabinet il parle à la même

[1] Les romanciers comprennent rarement cela. La plupart commencent par une aventure, une rencontre surprenante. Mais c'est ce qui surprend, met en garde, et empêche de rien commencer. Ils prodiguent les aventures, l'action, et justement rien ne serait plus propre à éveiller l'attention, à rendre la fascination impossible, etc. — Ce que nous disons dans ce chapitre de la puissance de l'habitude, sera peut-être peu compris des gens du monde, surtout à Paris; dans une vie si distraite et si variée, ils devinent à peine la pesante uniformité que le temps peut avoir ailleurs.

personne. Il parle des mêmes choses, et semble parler de même. La personne qui l'écoute ne voit aucune différence entre hier et aujourd'hui. Douce uniformité, aussi douce qu'un sommeil d'enfant, dont la respiration soulève la poitrine, à temps égaux, avec le même léger bruit.

Vous croyez que rien ne change dans cette égalité monotone, que les jours valent les jours. Erreur; vous n'avez rien senti, et à chaque jour, il y a un changement, léger, il est vrai, imperceptible, que la personne, changée peu à peu elle-même, ne remarque en rien.

C'est comme un rêve dans une barque. Combien de chemin avez-vous fait en rêvant, qui peut le savoir ? Vous allez ainsi sans aller, immobile et pourtant rapide. Sorti du fleuve ou du canal, vous vous trouvez bientôt en mer ; l'uniforme immensité où vous êtes maintenant, vous avertira moins encore du chemin que vous parcourez. Plus de lieu et plus de temps ; nul point marqué auquel l'attention puisse se prendre; et il n'y a plus d'attention. Profonde est la rêverie, et de plus en plus profonde... un océan de rêves sur le mol océan des eaux.

Douce chose, où peu à peu tout devient insensible, la douceur elle-même. État de mort ou de vie? Pour le distinguer, il faudrait de l'attention, et nous sortirions du rêve... Non, qu'il aille, ce je ne sais quoi qui m'emporte, qu'il me mène à la vie ou qu'il me mène à la mort.

Habitude! habitude! Mol et formidable abîme où l'on glisse si doucement! on peut dire de toi tout le mal du monde, et tout le bien également; et ce sera toujours vrai.

Avouons-le : si l'action que nous fîmes d'abord en pleine connaissance et volontairement ne se faisait jamais qu'avec volonté et attention, si elle ne devenait habituelle et facile, nous agirions peu, lentement; la vie passerait en essais et en efforts. Si, par exemple, à chaque pas que nous faisons, nous délibérions notre direction et cherchions notre équilibre, nous ne marcherions guère plus que l'enfant qui travaille à marcher. Mais la marche est de bonne heure une habitude, une action qui s'accomplit sans avoir besoin d'invoquer l'intervention continue de la volonté. Il en est ainsi de bien d'autres actes, qui, moins volontaires encore, finissent par être en nous mécaniques, automatiques, étrangers en quelque sorte à notre personnalité. En avançant dans la vie, une partie notable de notre activité échappe à notre connaissance, sort de la sphère de la liberté pour entrer dans celle de l'habitude, elle devient comme fatale ; le reste, soulagé de ce côté et dispensé en ceci d'attention et d'effort, se trouve en revanche plus libre d'agir ailleurs.

Chose utile, chose dangereuse. La partie fatale augmente en nous, sans que nous nous en mêlions, et s'accroît dans nos ténèbres intérieures. Ce qui frappait jadis l'attention, aujourd'hui passe inaperçu. Ce qui d'abord fut difficile, avec le temps devient facile, trop facile, puis, on ne peut plus même dire que ce soit facile, car cela se fait tout seul, sans que nous l'ayons voulu ; nous souffrons à ne point le faire. Ces actes étant, de tous, ceux qui coûtent le moins de peine, se renouvellent sans cesse. Il faut bien s'avouer à la longue qu'il en est résulté une seconde nature, qui, formée aux dépens de l'autre, la remplace en grande partie. Nous oublions les difficultés des premiers commencements, et nous nous figurons avoir toujours été ainsi. Cela favorise au moins notre paresse, et nous dispense de faire quelques efforts pour nous arrêter sur la pente. Au reste, la trace du changement s'efface en effet à la longue, le chemin a disparu; nous voudrions le refaire que nous ne le pourrions pas. C'est comme un pont brisé derrière nous; nous y avons passé, et nous n'y passerons plus.

Nous nous résignons donc, et nous disons en tâchant de sourire : « C'est pour moi une seconde nature », ou même encore : *C'est ma nature* ». Tant nous avons oublié !

Mais entre cette nature, et notre vraie nature primordiale que nous apportâmes en naissant, il y a une grave différence[1]. C'est que, celle-ci, tirée du sein de la mère, était comme la mère elle-même, une gardienne attentive de la vie, qui nous avertissait de tout ce qui peut la compromettre, qui cherchait, trouvait dans sa bienveillance remède à nos maux. Et cette seconde nature, l'habitude, sous ce nom perfide, n'est souvent autre chose que le grand chemin qui mène à la mort.

« C'est ma seconde nature, dit tristement le

[1] Cette différence n'est pas indiquée, que je sache, par Maine de Biran, ni par M. Félix Ravaisson, dans son ingénieuse et profonde dissertation sur l'habitude.

buveur d'opium, en voyant mourir à côté de lui celui qui l'a devancé de quelques mois dans l'habitude du sombre breuvage; j'ai encore tant de mois à vivre. » — « C'est ma seconde nature », dit ce misérable enfant, victime dévouée des voluptés solitaires. Rien n'y fait, ni la raison, ni les châtiments, ni la douleur maternelle. Tous deux vont, iront jusqu'au bout par le chemin qu'on ne recommence pas.

Un proverbe vulgaire (ici cruellement vrai) nous dit : « Qui a bu, boira. » Il faut le généraliser : « *Qui a agi, agira; qui a pâti, pâtira.* Seulement, cela est encore plus vrai pour les habitudes passives que pour celles d'action. Habitués à laisser faire, à pâtir, jouir, nous devenons incapables de reprendre l'activité. A la longue, il n'est plus même besoin de l'appât de la jouissance. Après qu'elle est tarie et que la douleur prend sa place, l'inexorable habitude verse toujours à la même coupe ; elle ne prend plus alors la peine de se dissimuler ; nous la reconnaissons trop tard, hideuse, invincible, et elle nous dit froidement : « Tu as bu le miel d'abord ; maintenant tu boiras le fiel, et jusqu'à la dernière goutte. »

Si ce tyran est si fort quand il agit à l'aveugle, quand il n'est qu'une chose, comme l'opium ou le *gin*, qu'est-ce donc quand il a des yeux, une volonté, un art, en un mot quand il est homme?... un homme plein de calcul qui sait créer, fomenter l'habitude à son profit; un homme qui, pour premier moyen, a, contre vous, vos croyances; qui commence, dans l'autorité d'un caractère respecté, la fascination personnelle; qui, pour l'exercer sur vous et fonder habitude en vous, a l'occasion quotidienne, les jours, les mois, les années, le temps, l'irrésistible temps, le dompteur des choses humaines, le temps pour qui c'est un jeu de manger le fer et l'airain... Un cœur de femme est-il donc plus dur pour lui résister?

Une femme? un enfant?... bien moins, une personne *qui veut être enfant,* qui emploie tout ce qu'elle a acquis de facultés depuis l'enfance pour retomber à l'état d'enfance, qui dirige sa volonté à ne plus vouloir, sa pensée à ne plus savoir, et qui se livre endormie.

Supposons qu'elle se réveille (c'est un cas qui n'arrive guère), qu'elle se réveille un moment, qu'elle surprenne le tyran sans masque, qu'elle le voie comme il est, et veuille échapper... Croyez-vous qu'elle le puisse [1] ?... Pour cela, il faut agir, et elle ne sait plus ce que c'est, n'ayant agi de si longtemps; les membres sont roides; les jambes, paralysées, n'entendent rien au mouvement; la main pesante se soulève, retombe, et dit : Non.

Alors, on ne sent que trop ce que c'est que l'habitude, et comment, lié une fois de ses mille fils imperceptibles, vous restez joint malgré vous à ce que vous détestez. Ces fils, pour échapper aux yeux, n'en sont pas moins résistants; faibles et souples, à ce qu'il semble, vous en brisez un, et dessous vous en trouvez deux; c'est un filet double, triple... Qui en saura l'épaisseur ?

J'ai lu autrefois dans un vieux conte une chose vraiment saisissante et bien significative. Il s'agissait d'une femme, d'une princesse errante, qui après bien des fatigues trouvait pour asile, au milieu des bois [2], un palais désert. Elle était heureuse d'y reposer, d'y séjourner quelque temps;

[1] Ceci fait penser à l'aventure de l'enchanteur Merlin, qui, à la prière de Viviane, s'est couché lui-même dans son tombeau; mais il ne sait plus les paroles qui pourraient le délivrer; il y reste, et restera jusqu'au jour du Jugement.

[2] « Forêt touffue, âpre, sauvage! Le seul penser m'en renouvelle

elle allait, venait, sans obstacle, dans les grandes chambres vides, elle se croyait seule et libre. Toutes les portes étaient ouvertes. Seulement, à la porte d'entrée, depuis qu'elle y avait passé, personne n'y passant après elle, l'araignée avait tendu sa toile au soleil, une toile fine, légère, presque invisible. Faible obstacle que la princesse, qui veut sortir à la longue, croit pouvoir écarter sans peine. Elle lève cette toile en effet; mais il y en a une derrière, qu'elle lève sans difficulté. La seconde couvre une troisième qu'il faut bien lever aussi... Chose étrange, il y en a quatre... Non, cinq? ou plutôt six... et d'autres encore. Ah ! comment lever tant de toiles? Elle est déjà bien fatiguée... N'importe ! elle persévère; en reprenant un peu haleine, elle pourra continuer... Mais la toile aussi continue, et se renouvelle toujours avec une malice obstinée. Que fera-t-elle ? Elle succombe à la fatigue, elle ruisselle de sueur, les bras lui tombent... Elle finit par s'asseoir épuisée par terre, sur cet infranchissable seuil; elle regarde tristement l'obstacle aérien, qui danse au

la peur. Comment y entrai-je ? je ne puis le dire; tant j'étais plein de sommeil, quand j'abandonnai la vraie voie ! » Dante, *Inferno*.

vent, léger, vainqueur... Pauvre princesse, pauvre mouche, vous voilà donc prise! Pourquoi aussi vous arrêter dans cette maison de fée, et laisser à l'araignée le temps de faire son filet!

## CHAPITRE V.

Des couvents. Toute-puissance du directeur. État de la religieuse délaissée, espionnée. Couvents qui sont en même temps maisons de force et maisons de fous. Captation. Disciplines barbares. Lutte de la supérieure et du directeur. Changements de directeur. Le magistrat.

---

J'occupais, il y a quinze ans, dans un quartier fort solitaire, une maison dont le jardin tenait à celui d'un couvent de femmes. Quoique mes croisées dominassent la plus grande partie de leur jardin, je n'avais jamais vu mes tristes voisines. Au mois de mai, le jour des Rogations, j'entendis des voix nombreuses, mais faibles, très-faibles, qui chantaient des prières, en parcourant le jardin du couvent. Le chant était triste, sec, ingrat, de voix peu justes, comme faussées par la souffrance. J'y crus un moment reconnaître les prières des morts; en écoutant mieux, au contraire, je distinguai « *Te rogamus, audi nos,* » le chant d'espérance qui appelle sur la nature féconde la bénédiction du Dieu de la vie. Ce chant de mai chanté par ces mortes, était d'un contraste amer. Voir sur la verdure en fleurs se traîner ces filles pâles, qui ne fleuriront jamais... La pensée du moyen âge qui d'abord m'avait saisi, s'éloigna bientôt : alors la vie monastique se liait à mille autres choses; mais dans notre harmonie moderne, qu'est-ce qu'un contre-sens barbare, une note fausse qui jure? Ce que j'avais sous les yeux, je ne pouvais le défendre ni par la nature, ni par l'histoire. Je refermai ma croisée, et repris tristement mon livre. Cette vue m'avait été pénible, n'étant adoucie, relevée de nul sentiment poétique. Elle rappelait moins la virginité que la viduité stérile, l'état de vide, d'impuissance, d'ennui, de jeûne intellectuel et moral, où sont tenues ces infortunées par leurs maîtres absolus.

Nous parlions de l'habitude : c'est bien là qu'elle règne en tyran. Il n'est guère besoin d'art pour prendre ces pauvres femmes isolées, enfermées, dépendantes, près desquelles rien du dehors ne balance l'impression qu'une personne, la même personne vient leur donner tous les jours. Le moins habile doit fasciner sans peine une nature amoindrie et pliée à la plus servile, à la plus tremblante obéissance. Ah ! il y a peu de courage et de mérite à dominer ainsi ce qui d'avance est brisé.

Pour ne parler d'abord que du pouvoir de l'habitude, rien de tout ce que nous voyons dans le monde des vivants ne peut donner idée de la force avec laquelle elle agit dans ce petit monde fermé. La société de la famille nous modifie sans doute, mais son influence est neutralisée par le mouvement extérieur. La régularité du journal favori qui vient chaque matin nous sonner le même son, ne laisse pas d'influer ; mais enfin ce journal en a d'autres contre lui. Une influence qui est moins de ce temps, mais très-forte encore sur les personnes isolées, c'est celle d'un grand livre dont la lecture attachante retient des mois, des années. Diderot avoue que Clarisse, lue, relue, fit pendant longtemps toute la vie pour lui, la joie, la tristesse, la pluie, le soleil. Le plus beau des livres cependant, c'est encore un livre, une chose muette, qui pour être animée tant qu'on voudra, n'entend pas, ne donne pas la réplique; il n'y a pas là de paroles pour répondre à vos paroles, d'yeux pour réfléchir vos yeux.

Arrière ces froides images de papier, de livres ! Imaginez dans une solitude où rien autre ne pénètre, l'unique chose vivante, la personne qui seule a droit d'y entrer, qui remplace toutes les influences dont nous venons de parler, qui est à elle seule la société, le journal, le roman et le sermon, une personne dont la venue rompt seule la mortelle durée d'une vie inoccupée. *Avant* qu'il ne vienne, *après* qu'il est venu, c'est, dans cet ennui profond, toute la division des heures.

Nous disions : une personne, il faut dire : un homme. Quiconque sera de bonne foi, avouera qu'une femme n'aurait nullement cette action, que la circonstance du sexe y fait beaucoup, même auprès des plus pures et de celles même à qui jamais le sexe n'est venu en pensée.

Être l'*unique*, sans comparaison, sans contradiction, être le monde d'une âme ; la sevrer à volonté de tout souvenir qui peut faire rivalité, effacer de ce cœur docile jusqu'à la pensée d'une mère qui pouvait y rester encore... Hériter de tout, rester seul, et fortifié dans ce cœur de tous les sentiments naturels que l'on a détruits !

L'*unique !* mais c'est le bon, le parfait, l'aimable, l'aimé... Énumérez toutes les qualités, toutes tiendront dans ce seul mot. Une chose, même (sans parler d'une personne), une chose si elle est *unique*, finira par prendre le cœur; Charlemagne, de son palais, voyant toujours la même vue, un lac et sa verte ceinture, finit par en être amoureux.

L'accoutumance y fait beaucoup, mais aussi cette grande nécessité du cœur de tout dire à ce qu'on voit toujours : homme ou chose, il faut qu'on lui parle. Ce serait une pierre, on lui dirait tout. Il faut bien que nos pensées débordent, et que les chagrins s'écoulent d'un cœur trop rempli.

Dans cette vie si uniforme, croyez-vous qu'elle soit tranquille, cette pauvre religieuse ? Ah ! que de tristes aveux je pourrais consigner ici, aveux trop certains, transmis par des amies tendres qui recevaient les larmes dans leur sein... et revenaient elles-mêmes, le cœur percé, pleurer près de moi.

Ce qu'il faut souhaiter à la prisonnière, c'est qu'elle meure de cœur, et presque de corps. Si elle n'est point brisée, détruite au point d'oublier qu'elle fut, elle trouvera au couvent les souffrances réunies de la solitude et du monde. Seule, sans pouvoir être seule ![1] Délaissée, espionnée !

Délaissée. Cette religieuse, jeune encore, et déjà vieille d'abstinence et de chagrin, c'était hier une pensionnaire, une novice, que l'on caressait. Les amitiés de jeunes filles, les flatteries maternelles des grandes, l'attrait de telle religieuse, de tel confesseur, tout l'a trompée, et doucement acheminée vers la reclusion éternelle. Presque toujours on se croit appelé vers Dieu lorsqu'on suit telle ou telle personne, une personne aimable, d'une dévotion souriante et éduisante, qui se plaît à ce genre de conquête spirituelle. L'une gagnée, elle va à l'autre; de la pauvrette qui suivit, se croyant aimée, ne lui soucie guère.

Seule, d'une solitude sans recueillement, sans repos. Combien serait douce, en comparaison, la solitude des forêts ! Les arbres encore

[1] La confession préalable des religieuses à la supérieure, acceptée aisément dans la première ferveur, devient bientôt une vexation intolérable. Du vivant de Mme de Chantal, on s'en plaint déjà. V. ses lettres; et Fichet, 256. Cf. Ribadeneira, Vie de sainte Thérèse

auraient pitié. Ils ne sont pas si durs qu'ils semblent ; ils entendent et ils écoutent.

Le cœur de femme, de mère, l'invincible instinct maternel, qui est le fonds de la femme, cherche à se tromper. Il y a bientôt quelque jeune amie, quelque compagne naïve, une élève favorite... Hélas ! cela sera ôté. Les jalouses, pour faire leur cour, ne manquent guère d'accuser les plus purs attachements. Le diable est jaloux, dans l'intérêt de Dieu, c'est pour Dieu seul qu'il réclame.

Quelle merveille si cette femme est triste, de plus en plus triste, si elle va seule dans les allées les plus sombres, et ne parle plus ? C'est la solitude alors qui devient son crime. La voilà désignée, suspecte ; toutes l'observent et l'épient... Le jour ? ce n'est pas assez. La surveillance dure la nuit ; on la regarde dormir, on l'écoute quand elle rêve et on note ses paroles.

L'affreux sentiment d'être jour et nuit observée ainsi doit troubler d'une étrange manière toutes les puissances de l'âme. Les plus sombres hallucinations arrivent, tous les mauvais rêves que peut faire, en plein jour et éveillée, la pauvre raison qui s'en va. Vous connaissez les visions qu'a gravées Piranesi, vastes prisons souterraines, puits profonds sans air, escaliers qu'on monte à l'infini sans arriver, des ponts qui mènent à l'abîme, de basses voûtes, d'étroits corridors de catacombes qui vont se serrant... Dans ces affreuses prisons qui sont des supplices, vous entrevoyez encore des instruments de supplice, des roues, des carcans, des fouets...

Quelle est, je vous prie, la limite qui sépare nos couvents d'aujourd'hui des maisons de force, et de celles où l'on enferme les fous [1]?... Plusieurs couvents semblent réunir les trois caractères.

Je ne connais qu'une différence à établir ; — c'est que la justice surveille les maisons de force, la police celles des fous. Mais à la porte des couvents, l'une et l'autre s'arrêtent; la loi a peur, et n'ose en franchir le seuil.

[1] Le 3e volume du *Juif-Errant* contient l'histoire réelle de Mlle B. Elle s'est passée récemment, non dans une maison de santé, mais dans un couvent. Puisque j'ai cette occasion de dire un mot à notre admirable romancier, qu'il me permette de lui demander pourquoi il a cru devoir idéaliser à ce point les jésuites; qui ne sait que tel et tel des dignitaires de l'ordre sont immortels par le ridicule ? Il est difficile de croire que des écrivains ineptes soient de fortes têtes, des machinateurs profonds. Je cherche des Rodin, et ne vois que des Loriquet

La surveillance des couvents et l'assignation précise de leur caractère sont pourtant d'autant plus indispensables aujourd'hui, qu'ils diffèrent par un côté grave des couvents de l'ancien régime.

Ceux du dernier siècle étaient proprement des hospices où, pour une dot, une fois payée, chaque famille noble, vivant noblement ou de bourgeoisie aisée, plaçait une ou plusieurs filles pour faire un fils riche. Une fois enfermées là, c'était leur affaire de vivre ou de mourir, on ne s'en inquiétait plus. Aujourd'hui, *les religieuses héritent*, elles sont un but, une proie, pour les mille et mille tentatives de captation, une proie facile, dans leur situation de captivité et de dépendance. Une supérieure zélée pour enrichir la communauté, a des moyens infaillibles de contraindre la religieuse à donner son bien ; elle peut cent fois le jour, sous prétexte de dévotion et de pénitence, l'humilier, la vexer, la maltraiter même, jusqu'à la jeter dans le désespoir. Qui pourra dire où finit l'ascétisme, où commence la captation, le *Compelle intrare* appliqué à la fortune ? Le côté financier et administratif domine aujourd'hui tellement dans les couvents, que ce genre de capacité est celui qu'on exige avant tout d'une supérieure. Plusieurs de ces dames sont d'éminents hommes d'affaires. Telle est connue à Paris, des notaires et gens de loi, comme pouvant leur donner leçon sur la matière des donations, successions et testaments. Paris n'envie plus à Bologne cette savante jurisconsulte qui, parfois couverte d'un voile, professait dans la chaire de son père.

Nos lois modernes, les lois de la Révolution, qui, dans leur équité, ont voulu que la fille et le cadet héritassent, travaillent ici puissamment pour la Contre-révolution. Cela aide à comprendre la multiplication rapide, inouïe, des maisons religieuses. Lyon qui n'avait que quarante couvents en 1789, en a aujourd'hui soixante-trois [1]. Rien n'arrête le zèle des recruteurs monastiques pour le salut des âmes riches. Vous les voyez frétiller autour des héritiers, des héritières... Quelle prime pour les jeunes paysans qui peuplent nos séminaires, que cette perspective de pouvoir, une fois prêtres, gouverner les fortunes aussi bien que les consciences [2] !

[1] Je cite de mémoire la statistique donnée en 1843 par M. Lortet.

[2] Tout ce monde achète, vend, brocante. Des prélats spéculent sur

La captation, un peu surveillée dans le monde, ne l'est point dans les couvents où elle est plus dangereuse, s'exerçant sur des personnes enfermées et dépendantes. Là, elle peut être impunément effrénée, terrible. Qui peut le savoir? Qui ose entrer là? Personne... Chose étrange, il y a en notre pays des maisons qui ne sont point France... Cette rue, c'est la France encore; enjambez ce seuil, c'est un pays étranger, qui se moque de vos lois.

Quelles sont donc les leurs? On l'ignore. Ce que nous savons certainement, ce qui n'est point dissimulé, c'est que les barbares disciplines du moyen âge y règnent toujours, et s'y perpétuent. Cruelle contradiction! ce système qui parle tant de la distinction de l'âme et du corps, et qui y croit puisqu'il approche hardiment le confesseur des tentations char-

les terrains et les constructions, des lazaristes sur les agences de recrutement militaire, etc., etc. Ceux-ci, les successeurs de saint Vincent de Paul, les directeurs de nos Sœurs de charité, ont été, pour leur charité, tellement bénis de Dieu qu'ils ont maintenant un capital de vingt millions. Leur général actuel, M. Étienne, alors procureur de l'ordre, était naguère agent des lazaristes dans une compagnie de distillerie. Le procès si grave qu'ils ont en ce moment, va décider si une Société engagée par un général qui est son chef absolu, se trouve quitte de tout engagement en changeant de général.

nelles, eh bien! le même système croit que le corps, distinct de l'âme, la modifie par sa souffrance, que l'âme s'améliore et s'épure sous les coups de fouet [1]... Spiritualiste pour s'enhardir à affronter les séductions de la chair, matérialiste quand il s'agit de briser la volonté!

Quoi! lorsque dans les bagnes même, sur des voleurs, des meurtriers, sur les plus féroces des hommes, la loi défend de frapper, — vous, les hommes de la grâce, qui ne parlez que de charité, *de la bonne sainte Vierge et du doux Jésus*, vous frappez des femmes... que dis-je, des filles, des enfants, à qui l'on ne reproche après tout que quelques faiblesses!

Comment ces châtiments sont administrés? C'est une question plus grave encore peut-être... Quel genre de composition la peur y fait-elle faire? A quel prix l'autorité y vend-elle l'indulgence?...

Qui règle le nombre des coups? Est-ce vous, madame l'abbesse? ou bien le père supérieur?...

[1] N'a-t-il pas bien compté sur l'influence du corps, cet art effroyable qui ne réveille pas par la douleur l'énergie de l'homme, mais l'énerve par le régime et la misère des cachots? (V. le Traité de Mabillon sur les prisons monastiques). Les révélations des prisonniers du Spielberg nous ont trop éclairés là-dessus.

Que doit être l'arbitraire passionné, capricieux, d'une femme sur une femme, si celle-ci lui déplaît, d'une laide sur une belle, d'une vieille sur une jeune ! On n'ose y penser.

Là, s'engage souvent une étrange lutte entre la supérieure et le directeur. Celui-ci, quelque endurci qu'il puisse être, est encore un homme ; il est bien difficile qu'à la longue, la pauvre fille, qui lui dit tout, qui lui obéit en tout, n'en vienne pas à le fléchir. L'autorité féminine s'en aperçoit tout d'abord, l'observe et le suit de près. Il voit peu sa pénitente, très-peu, et c'est toujours trop. La confession durera tant de minutes ; on attend, montre à la main. Elle durerait beaucoup, toujours, sans cette précaution ; pour la recluse, qui n'a d'ailleurs qu'insulte et mauvais traitement, un confesseur compatissant, c'est encore la liberté.

On a vu des supérieures demander et obtenir plusieurs fois des évêques le changement de confesseur, sans en trouver d'assez durs, à leur fantaisie. Il y a encore grande distance de la dureté d'un homme à la cruauté d'une femme !.. La plus fidèle incarnation du diable en ce monde, quelle est-elle à votre avis ?... Tel inquisiteur, tel jésuite ? Non, c'est une jésuitesse, une grande dame convertie, qui se croit née pour le gouvernement, qui, parmi ce troupeau de femmes tremblantes, tranche du Bonaparte, et qui, plus absolue que le plus absolu tyran, use à tourmenter des infortunées sans défense la rage des passions mal guéries.

Loin d'être opposé ici au confesseur, mes vœux sont pour lui. Prêtre, moine, jésuite, me voilà de son parti. Je le prie d'intervenir, s'il peut. Il est encore, dans cet enfer, où la loi ne pénètre pas, la seule personne qui puisse dire un mot d'humanité... Je sais bien que cette intervention va créer la plus forte, la plus dangereuse attache. Le cœur de la pauvre créature est d'avance tout donné à celui qui la défend.

On l'éloignera, ce prêtre, on le chassera, on le perdra, s'il le faut. Rien n'est plus facile à une supérieure active, influente. Il ne s'y hasarde pas, il a peur du bruit, il se retire timidement. Vous ne trouverez ni prêtres ni prélats qui se souviennent ici de leur pouvoir de confesseur et de juge spirituel, et qui refusent l'absolution au tyran des religieuses, comme Las Casas la refusait à ceux des Indiens.

Il y a d'autres juges, heureusement. La loi

dort [1], mais elle vit. De courageux magistrats ont voulu faire leur devoir [2]. Nul doute qu'on ne le leur permette... Leurs nuits en sont troublées ; ils savent que toute violence qui se fait là, chaque coup qui s'y donne, au mépris des lois, est une accusation contre eux, devant la terre et le ciel !.. *Exsurge, Domine, et judica causam tuam !*

[1] Les affaires d'Avignon, de Sens, de Poitiers, quoique les coupables aient été punies si légèrement, donnent espoir que la loi se réveillera.

[2] La surveillance des couvents devrait se partager entre la magistrature judiciaire, la magistrature municipale, et les administrations de charité ; le parquet est trop occupé pour s'en charger seul.—Si ces maisons sont nécessaires comme asiles de femmes pauvres qui gagnent trop peu dans une vie isolée, que ce soient de libres asiles, comme les béguinages de Flandre, avec une direction, bien entendu, tout autre que celle des béguinages.

## CHAPITRE VI.

Absorption de la volonté. Domination des actes, des pensées ; des volontés. Assimilation. *Transhumanation.* Devenir le Dieu d'un autre. Orgueil. Impuissance. Orgueil et concupiscence.

---

Si l'on en croit les politiques, le bonheur, c'est de régner. Ils le pensent sincèrement, puisqu'ils acceptent en échange tant de fatigues et de misères, tel martyre souvent que peut-être n'auraient jamais accepté les saints.

Seulement, il faut régner vraiment. Est-il sûr que ce soit régner, que de faire des ordonnances non exécutées, d'envoyer, avec grand effort et pour suprême victoire, une loi de plus dormir au Bulletin des lois près de ses trente mille sœurs ?

Ce n'est rien d'ordonner des actes, si préalablement on n'est maître des pensées; pour gouverner le monde des corps, il faut dominer celui des esprits. Voilà ce que dit le penseur, l'écrivain puissant, et il croit régner. C'est en effet un roi, celui-ci, au moins pour l'avenir. S'il est vraiment original, il devance son temps, il est ajourné. Il ira régnant demain, après-demain, à travers les siècles, et toujours plus absolu. Pour aujourd'hui, il sera seul; chaque succès coûte un ami. Il acquiert des amis nouveaux, je veux le croire, ardents, innombrables; ceux qu'il perd valaient moins sans doute, mais c'étaient ceux qu'il aimait; il ne verra jamais les autres... Travaille, homme désintéressé, travaille, tu auras pour salaire un peu de bruit et de fumée. N'es-tu pas bien payé ainsi? Roi du temps qui n'est pas encore, tu vivras, mourras les mains vides. Au bord de cette mer inconnue des âges, tu as ramassé, enfant, une coquille que tu approches de l'oreille pour y surprendre un petit bruit où tu crois entendre ton nom.

Celui-ci! vois au contraire... Ce prêtre, tout en disant que son royaume est là-haut, il a surpris adroitement la réalité d'ici-bas. Il te laisse aller à ton aise chercher les mondes inconnus; lui, il a saisi celui-ci, ton monde à toi, pauvre rêveur ! ce que tu aimais, le nid où tu comptais revenir et te réchauffer... N'accuse que toi, c'est ta faute. Les yeux tournés vers l'aurore, tu t'oubliais à épier le premier rayon de l'avenir. Tu te retournes un peu tard, un autre a maintenant la chère petite place où tu as laissé ton cœur.

La souveraineté des idées n'est pas celle des volontés. On ne s'empare de celles-ci que par la volonté même, non une volonté générale et vague, mais spéciale, personnelle, qui s'attache avec persévérance à une personne et la domine vraiment, parce qu'elle la fait à son image.

Régner, c'est régner sur une âme. Au prix d'une telle royauté, que sont tous les trônes? Qu'est-ce que la domination de la foule inconnue?... Les vrais ambitieux n'ont eu garde de s'y méprendre. Ils n'ont pas dispersé leurs efforts dans l'extension d'un pouvoir vague et faible qui se perd en s'étendant; ils ont visé plutôt à la solidité du pouvoir, à son intensité, à son immuable possession.

Le but ainsi posé, le prêtre a un grand avantage, que personne n'a comme lui. Il a affaire à un sujet *qui se livre lui-même.* Le grand obstacle pour les autres puissances, c'est qu'elles ne connaissent pas bien celui sur qui elles agissent;

elles le voient au dehors, le prêtre le voit au dedans. Habile ou médiocre, par la seule vertu des terreurs et des espérances, par la clef magique qui ouvre le monde à venir, il ouvre aussi le cœur, et ce cœur veut lui-même s'ouvrir; toute sa crainte est de cacher quelque chose. Il ne se voit pas tout entier; mais là où il s'ignore, le prêtre le voit encore et le pénètre par les révélations comparées des serviteurs, des amis, des parents. De toutes ces clartés il peut, s'il est habile, former un foyer lumineux qui, concentré sur l'objet, l'illumine de part en part, si bien qu'il en connaît non-seulement l'existence actuelle, mais l'avenir, lisant dès aujourd'hui dans l'instinct et le sentiment ce qui demain sera la pensée. Il le sait donc vraiment, ce cœur, et le voit et le prévoit.

Science unique, qui resterait encore inexplicable sans un dernier mot: Si elle *sait* son sujet à ce point, c'est qu'elle-même le *fait*. Le directeur fait le dirigé; celui-ci est son œuvre, et il devient le même homme à la longue. Comment le premier ne connaîtrait-il pas des idées, des volontés, que lui-même a fait naître, qui sont les siennes? Une transfusion a lieu, sous cette action incessante, entre les deux personnes, où l'inférieure, recevant tout de l'autre, va toujours s'effaçant. Plus faible chaque jour et plus paresseuse, elle se fait un bonheur de ne plus même vouloir, de voir s'en aller et se perdre cette volonté importune dont elle a trop souffert. Ainsi, le blessé regarde couler son sang, sa vie, et se sent plus léger.

Cet écoulement de la personnalité morale, par lequel vous échappez à vous-même, qui le compense en vous, qui remplit le vide?... en trois lettres : *lui*.

*Lui*, l'homme patient et rusé, qui jour par jour, ôtant de vous un peu de vous, substituant un peu de lui, a doucement subtilisé l'un, mis l'autre en son lieu. Les molles et faibles natures de femmes, presque aussi fluides que celle de l'enfant, se prêtent bien aisément à la transfusion. *La même*, qui voit toujours *le même*, prend, sans le savoir, son tour d'esprit, son accent, son langage, que dis-je? quelque chose de son allure et de sa physionomie. Il parle, et elle parle ainsi. Il marche, et ainsi elle marche. A la voir seulement passer, qui saurait voir, verrait *qu'elle est lui*.

Mais ces conformités extérieures ne sont que de faibles signes du changement profond qui s'est fait au dedans. Ce qui s'est transformé, c'est l'intime et le plus intime. Un grand mystère s'est fait, ce que Dante appelle *transhumanation*, lorsqu'une personne humaine, fondant à son insu, a pris, substance pour substance, une autre humanité ; lorsque le supérieur remplaçant l'inférieur, l'agent le patient, n'a plus même à le diriger, mais devient son être. *Lui*, il est, l'autre n'est pas, sinon comme un accident, une qualité de cet être, un pur phénomène, une ombre vaine, un rien...

Que parlions-nous tout à l'heure d'influence, de domination, de royauté. Ceci est bien autre chose que royauté, c'est divinité. C'est être le dieu d'un autre.

S'il y a au monde une occasion de devenir fou, c'est celle-ci. La pensée de l'homme qui est arrivé là, de quelque humilité qu'il s'enveloppe, c'est celle du païen : « *Deus factus sum !* » J'étais homme, et je suis Dieu !

Plus que Dieu. Il dira à sa créature : « Dieu t'avait créée telle ; autre je t'ai faite, en sorte que n'étant plus sienne, mais mienne, tu es *moi*, mon *moi* inférieur, qui ne se distingue plus de moi que pour m'adorer. »

« Créature dépendante, comment n'aurais-tu

pas cédé ?... Dieu cède bien à ma parole, quand je le fais descendre à l'autel. Le Christ s'humilie, et, docile, vient, à mon heure, à mon signe, prendre la place du pain qui n'est plus[1]. »

Ne nous étonnons pas du furieux orgueil du prêtre, qui, dans sa royauté de Rome, l'a souvent emporté au delà de toutes les folies des Empereurs, lui faisant mépriser non-seulement les hommes et les choses, mais son propre serment et la parole même qu'il donnait pour infaillible. Tout prêtre, pouvant faire Dieu, peut tout aussi bien faire que l'impair soit pair, que ce qui est fait n'ait point été fait, que ce qui est dit n'ait point été dit... L'ange a peur d'une telle puis-

1 « C'est dans la pensée d'Origène que le prêtre *doit être un petit Dieu*, pour faire une fonction, qui est par-dessus les anges. » Le P. Fichet (jésuite), Vie de Mme de Chantal, page 615. — Si vous voulez un jésuite plus grave que Fichet, voici Bourdaloue : « Quoique le prêtre ne soit dans ce sacrifice que le substitut de Jésus-Christ, il est certain néanmoins que Jésus-Christ *se soumet* à lui, qu'il s'*y assujétit*, et lui rend tous les jours sur nos autels *la plus prompte et la plus exacte obéissance*. Si la foi ne nous enseignoit ces vérités, pourrions-nous penser qu'un homme pût jamais atteindre à une telle élévation, et être revêtu d'un caractère qui le mît en état, si je l'ose dire, de *commander* à son souverain seigneur et de le faire descendre du ciel ? »

sance, et s'écarte avec respect devant cet homme pour le regarder passer [1].

Allez, vantez-moi maintenant vos privations, vos macérations ! J'en suis bien touché !... Croyez-vous qu'à travers cette robe sèche, ce maigre corps, et dans ce cœur pâle, je ne voie pas la profonde, exquise et délirante jouissance d'orgueil qui fait l'être même du prêtre ? Ce qu'il emporte dans sa robe et couve si jalousement, c'est ce trésor d'orgueil terrible... Ses mains en tremblent, un feu jaune en luit dans ses yeux baissés...

Oh ! combien il hait tout ce qui lui fait obstacle, tout ce qui empêche son infini d'être infini ! Comme il en désire, d'un cœur infini, l'anéantissement... Oh ! qu'il est diabolique de haïr en Dieu !

[1] Un des nouveaux prêtres qu'ordonnait saint François de Sales, voyait souvent son bon ange. Arrivé à la porte de l'église, il s'arrête. On lui demande pourquoi ? « Il répondit ingénuement qu'il avoit coustume de voir marcher devant son bon ange, et que lors ce prince du ciel s'*estoit arresté par respect de son caractère, lui cédant cette prééminence.*» Maupas du Tour, Vie de saint François de Sales, p. 199. — Molinos dit hardiment (*Guida*, lib. II, c. I.) : Si Dieu avait donné des anges pour conduire les hommes, ils pourraient être aveuglés par les démons qui se transfigurent en anges de lumière. Heureusement, etc.

Une grande souffrance est attachée à cette grande jouissance d'être le dieu d'une autre âme; tout ce qui manque à cette divinité fait souffrir horriblement... Vous ne pouvez vous étonner si celui-ci poursuit d'une insatiable ardeur l'absorption de l'âme qu'il espère *assimiler*. Vous devez comprendre sans peine la cause réelle et profonde de cette étrange avidité qui veut tout voir et tout savoir, les grandes et les petites choses, le principal et l'accessoire, l'essentiel et l'indifférent, qui, nullement satisfaite d'envelopper l'extérieur, s'adresse au fond même, et cherchant le fond par delà le fond, veut atteindre la substance... Qu'elle l'atteigne, elle dira : Plus loin ! Plus loin ! — Encore ! — Davantage et davantage !... Hélas ! on acquiert davantage, et il y a toujours au delà... Qui peut mesurer une âme ! Elle garde, dans des coins qu'elle ne sait (ni vous non plus), des espaces et des profondeurs... Cette âme qui vous semblait acquise, et que vous pensiez tenir tout entière, elle recèle peut-être un monde de liberté que vous ne pouvez atteindre.

Cela est humiliant, cela est sombre, et tout près du désespoir... O souffrance ! n'avoir pas tout, pour un dieu, c'est n'avoir rien !

Alors, alors, dans l'orgueil même, une voix s'élève, ironique, pour se moquer de l'orgueil, la voix de la concupiscence qu'il faisait taire jusqu'ici : « Pauvre dieu, dit-elle, si tu n'es pas dieu, c'est ta faute, je te l'avais dit. Laisse-moi là ta scolastique, ton *distinguo* des deux natures, corporelle et spirituelle. Posséder, c'est avoir tout; celui-là a propriété, qui use et abuse. Pour que l'âme soit vraiment tienne, il te manque une chose... le corps. »

## CHAPITRE VII.

Concupiscence. Suite de l'absorption et de l'assimilation. Terreurs de l'autre monde. Le médecin et la malade. Alternatives, ajournements. Effets de la peur en amour. — Pouvoir tout, et s'abstenir. Dispute de l'esprit et de la chair. La morte emporte le vivant. Elle ne ressuscitera pas.

---

Au bord de l'abîme que nous venons d'entrevoir, avant d'y descendre, restons un moment au bord, reconnaissons bien où nous sommes.

La domination sans limites dont nous parlions tout à l'heure ne s'expliquerait jamais assez par la puissance de l'habitude, aidée de tous les arts de séduction et de captation ; il serait surtout impossible de comprendre comment tant d'hommes médiocres réussissent à l'obtenir. Il faut rappeler ici ce que nous avons dit ailleurs :

*Si cette puissance de mort a tant de prise sur l'âme, c'est que, le plus souvent, elle l'attaque mourante,* brisée des passions mondaines, et que, la rebrisant au flux et reflux des passions religieuses, elle finit par n'y plus trouver ni force, ni nerf, rien qui puisse résister.

Qui de nous n'en eut, dans sa vie, de ces moments où l'action violente ayant froissé notre cœur, nous haïssons l'action, la liberté et nous-mêmes ?... Quand la vague qui nous berça doucement, traîtreusement, se retire brusque et dure, et nous laisse sur la grève à sec... On reste là comme une pierre... Jamais l'âme, échouée ainsi, ne serait remise en mouvement si elle n'était, sans le vouloir, soulevée au flot du Léthé... Une voix basse dit alors : « Ne bougez pas, n'agissez plus, ne veuillez point, mourez à la volonté... » — « Oh ! merci ! veuillez pour moi ! cette liberté embarrassante dont le poids me pèse tant, la voilà, je vous la remets... Un doux oreiller de foi, de docilité enfantine, c'est tout ce qu'il me faut maintenant... Ah ! que j'y vais bien dormir ! »

Et l'on ne dort pas, on rêve. Nerveux et tremblant de faiblesse, comment pourrait-on reposer ? Pour être gisant, on n'en va pas moins nageant dans les songes. L'âme ne veut pas agir, mais l'imagination agit bien sans elle, et cette fluctuation involontaire n'en est que plus fatigante. Alors reviennent pour la malade toutes les terreurs d'enfance, et avec une fixité qu'elles n'eurent point pour l'enfant. La fantasmagorie du moyen âge que nous croyions oubliée, ressuscite alors; tout le noir monde d'enfer, exilé par nos risées, se dédommage ici et se venge cruellement; cette pauvre âme lui appartient... Que deviendrait-elle, hélas! si elle n'avait au chevet le médecin spirituel qui la soigne et la rassure... « Ne me quittez pas, j'ai trop peur! » — « Ne vous troublez; vous n'êtes pas responsable de tout ceci; Dieu vous pardonne ces mouvements désordonnés; ils ne sont pas vôtres; le Diable s'agite ainsi en nous... » — « Le Diable, ah! je le sentais! il me semblait bien que ces mouvements brusques et bizarres m'étaient étrangers... Mais quelle chose horrible est-ce donc, d'être le jouet du Malin esprit! » — « Je suis là, ne craignez pas, tenez-moi bien, allez droit; l'abîme, il est vrai, est béant à droite et à gauche; mais en suivant le pont étroit, Dieu aidant, par ce tranchant de rasoir, nous irons au paradis. »

Grande puissance, d'être si nécessaire, toujours appelé, désiré ! de tenir les deux fils d'espoir et de terreur, qui tirent l'âme à volonté. Troublée, on la calme, et calme, on l'agite ; elle faiblit peu à peu, et le médecin est plus fort ; il le sent, il en jouit... Il y a pour celui à qui toute jouissance naturelle est interdite, il y a un sombre bonheur, une sensualité maladive à exercer cette puissance, à faire le flux et le reflux, à désoler pour consoler, blesser, guérir et blesser encore... « Oh ! qu'elle soit malade toujours ! Je souffre, qu'elle souffre avec moi. C'est quelque chose au moins, d'avoir en commun la douleur. »

Mais ce n'est pas impunément qu'on recueille ces soupirs, qu'on soutient cette tête languissante... Celui qui blessait est blessé. La plus simple, dans ces épanchements, dit souvent à son insu telle chose qui brûle au cœur. Devant ce fer rouge, qu'une main si douce applique sans le savoir, il recule, s'indigne, s'irrite ; il s'efforce pour faire de son trouble un pieux courroux ; il tâche de haïr le péché, et il l'envie seulement.

Qu'il est sombre ce jour-là ! Voyez-le monter en chaire. Qu'a-t-il donc, cet homme de Dieu?

On ne le voit que trop ; le zèle de la Loi le dévore; il porte tous les péchés du peuple... Quels éclairs il lance! quels foudres! est-ce le Jugement dernier? tout le monde baisse la tête... Une seule a reçu le coup, elle pâlit, ses genoux fléchissent ; le trait n'a que trop porté; celui qui la sait jusqu'au fond de l'âme, a trouvé trop aisément le mot terrible, le mot unique qui frappait juste à cette place... Seule, elle a senti; elle se trouve seule dans l'église (la foule a disparu pour elle), et seule elle se voit aller aux ténèbres, au noir abîme. « Mon père, tendez-moi la main! je sens que j'enfonce! »

Pas encore, et pas encore!... Il faut qu'elle se débatte, qu'elle descende, remonte un peu, afin de descendre plus bas... Chaque jour, elle vient à lui, plus dolente, plus pressante. Comme elle prie, comme elle insiste! Mais elle n'obtiendra pas encore le mot qui peut la rassurer : « Aujourd'hui? Non, samedi... » Et du samedi encore, il remet au mercredi [1]... Quoi! trois jours, trois nuits entières dans la même anxiété?

[1] Cette tactique d'ajournement est surtout admirable pour tirer d'une femme un secret étranger à la confession, qu'elle ne veut pas dire, le secret de son mari, le *nom propre* de son amant, etc., etc. Elle finit toujours par dire ce qu'on veut savoir.

Elle pleure alors, comme un enfant... N'importe, il résiste, il la laisse, mais il est troublé tout en résistant. Avoir tant humilié cette belle Madame si fière, c'est un secret plaisir d'orgueil, et pourtant il trouve lui-même qu'il a été bien dur pour elle; il l'aime, il l'a fait pleurer.

Barbare, ne voyez-vous pas que la pauvre femme succombe? Qu'elle baisse à chaque accès? Que voulez-vous donc? Sa chute? Mais dans cette prostration de force, dans cette terreur éperdue, dans cet abandon de soi-même, n'y a-t-il pas déjà toutes les chutes?—Non, ce qu'il veut jusqu'ici, c'est qu'elle souffre comme lui, qu'elle lui ressemble en douleurs, qu'elle lui soit associée dans son malheur et son orage. Il est seul : donc, qu'elle soit seule. Il n'a point de famille, elle n'aura point de famille. Il la hait épouse et mère, il la veut amante... amante de Dieu; lui-même il s'y trompe en la trompant.

Et au milieu de tout cela, toute fascinée qu'elle est, elle n'est pourtant pas aveugle autant que vous pourriez croire. Les femmes, les enfants sont pénétrants quand ils ont peur; ils entrevoient bien vite ce qui peut les rassurer. Celle-ci, lorsque, suppliante, peureuse et flatteuse, elle se traînait à ses pieds, elle n'a pas été sans voir, à travers les larmes, le trouble qu'elle excitait... Ils se sont troublés ensemble, c'est une complicité... Tous deux savent (sans le savoir bien, d'instinct confus, de passion) qu'ils ont prise l'un sur l'autre, elle par le désir, et lui par la peur.

La peur fait beaucoup en amour. Le mari du moyen âge était aimé de la femme pour sa sévérité même. Son humble Griselidis reconnaissait en lui le droit de la verge paternelle. La fiancée de Guillaume-le-Conquérant, ayant été battue par lui, le reconnut à ce signe pour son époux et son seigneur. Qui a ce droit aujourd'hui ? Le mari ne l'a pas gardé; le prêtre l'a, il en use; il a toujours sur la femme le bâton de l'autorité; il la bat, soumise et docile, des verges spirituelles. Qui peut punir, peut gracier; seul pouvant être sévère, il a seul aussi ce qui est, près d'une personne craintive, la grâce suprême, la clémence. Un mot de pardon lui vaut plus, en un moment, dans ce pauvre cœur effrayé, que ne vaudrait au plus digne des années de persévérance. La douceur agit, juste en proportion des sévérités, des terreurs qui ont précédé. Nulle séduction comparable. Comment lutter contre un homme qui, disposant du paradis, a encore, par-dessus, l'enfer pour se faire aimer ?

C'est un moment bien dangereux que ce retour imprévu de bonté pour celle qui, domptée par la peur, le front dans la cendre, n'attend que la foudre... Quoi ! ce juge redouté, cet ange du Jugement, il s'attendrit tout à coup... On sentait le froid du glaive, on sent la chaleur d'une douce main d'ami qui vous relève de terre... Le passage est trop fort pour elle ; elle résistait à la crainte, elle succombe à cette douceur. Brisée de tant d'alternatives, la faible personne faiblit tout à fait...

. . . . . . . . . . . . . . . .

Pouvoir tout, et s'abstenir... glissante situation ! qui se tiendra sur la pente ?

Ici, se retrouve, dans la voie de concupiscence, le point où la voie de l'orgueil nous a menés tout à l'heure.

La concupiscence, méprisée d'abord par l'orgueil, comme brutale et grossière, devient un sophiste ; elle lui pose le terrible problème devant lequel le désir, mêlé d'effroi, cligne et détourne la vue... Il regarde sans regarder, il met la main sur ses yeux, mais en écartant les doigts, comme la *vergognosa* du Campo-Santo :

« Est-il sûr qu'on aie le cœur tout entier, si l'on n'a le corps ? La possession physique ne livrera-t-elle pas des côtés de l'âme, qui autrement resteraient inaccessibles ? Le domaine spirituel est-il complet s'il n'embrasse l'autre ?... Les grands papes semblent avoir résolu la question ; ils ont cru que la Papauté impliquait l'Empire, que le pape, par-dessus sa royauté des esprits, était roi du temporel. »

Contre ce sophisme de la chair, l'esprit lutte encore ; il ne manque pas de répondre : « Que la conquête spirituelle, dès qu'elle est ainsi complétée, cesse d'être spirituelle ; que ce vainqueur qui veut tout, l'esprit, ne peut avoir tout, sans périr dans sa victoire. »

La chair n'est pas embarrassée ; elle se réfugie dans l'hypocrisie, elle s'annulle et devient humble, pour regagner l'avantage : « Le corps, est-ce si grande chose qu'il faille s'en inquiéter ? Simple dépendance de l'âme, il doit suivre où elle va... » Les mystiques ne tarissent pas là-dessus en injures au corps, à la chair. La chair, c'est l'ânesse, dit l'un, sur laquelle on peut frapper. — Qu'elle passe, dit l'autre, tel ruisseau fangeux, qu'importe à l'âme qui chevauche, haute et pure, sans regarder seulement. — Puis, arrive le mauvais raffinement des quiétistes : « Si la partie inférieure ne pèche, la supérieure est orgueilleuse, ce qui est le plus grand péché; donc, il faut que la chair pèche, pour que l'âme se tienne humble; le péché donnant l'humilité, est un degré pour monter au ciel. »

« Péché ?... Mais y a-t-il péché ? (La dévotion dépravée retrouve ici le sophisme antique :) *Le saint par essence*, étant la sainteté même, *sanctifie toujours*. De l'homme spirituel, tout est esprit, même ce qui, d'un autre, est matière. Si, dans son vol supérieur, le saint a encore quelque obstacle qui le ramène contre terre, que la personne inférieure l'en délivre, elle fait œuvre méritoire et elle est sanctifiée. »

Subtilité diabolique, que peu s'avouent nettement, mais qu'un grand nombre couve et caresse, au plus secret de leur pensée. Molinos est oublié, mais non le molinosisme [1].

[1] Ce nom de *molinosisme* donne l'idée d'un vieux système oublié. Dans la pratique, c'est une chose de tous les temps, un instinct, une croyance aveugle, qui est naturelle aux faibles et qu'on peut formuler

Au reste, les faux raisonnements sont à peine nécessaires dans le misérable état de rêve où vit une âme, dépouillée de volonté et de raison.

ainsi : *Avec les forts, tout est bien; avec un saint, nul péché.* Voyez le malade, s'il est assez heureux pour faire dîner avec lui son médecin, le voilà rassuré, hardi, il mange de tout sans avoir peur. — Je crois au reste que le molinosisme réel est toujours un moyen puissant près des simples. Un contemporain, Llorente, raconte (t. III, ch. 28, article 2, éd. 1817), que lorsqu'il était secrétaire de l'Inquisition, on amena devant ce tribunal un capucin qui dirigeait une communauté de béguines, et qui les avait séduites presque toutes, en leur persuadant qu'elles ne quittaient point la voie de perfection. A chacune d'elles il disait au confessionnal qu'il avait reçu de Dieu une grâce singulière : « Notre Seigneur, disait-il, a daigné se laisser voir à moi dans l'hostie, et il m'a dit : Presque toutes les âmes que tu diriges ici me sont agréables, mais surtout une telle (*le capucin nommait celle à qui il parlait*). Elle est déjà si parfaite qu'elle a vaincu toute passion, sauf la sensualité qui la tourmente fort. C'est pourquoi, voulant que sa vertu ait récompense et qu'elle me serve tranquillement, je te charge de lui donner dispense, mais pour en user avec toi ; elle n'en parlera à nul confesseur ; cela serait inutile, puisque avec une telle dispense elle ne peut pécher. » Sur dix-sept béguines dont se composait la communauté, l'intrépide capucin donna la dispense à treize, qui furent assez longtemps discrètes; l'une d'elles, cependant, tomba malade, crut mourir, et découvrit tout, déclarant qu'elle n'avait jamais pu croire à la dispense, mais qu'elle en avait profité. Si le coupable eût avoué simplement, il en eût été quitte pour une peine assez légère, l'Inquisition étant, dit Llorente, fort indulgente pour ce genre de délit. Mais, tout en avouant la chose, il soutint qu'il avait bien fait, ayant pouvoir de Jésus-Christ. « Quoi! lui dit-on, est-il vraisemblable que Notre-

**Hors d'elle-même et du bon sens, ayant perdu tout rapport avec la réalité, toujours plongée dans le miracle, ivre de Dieu, soûlée du diable,**

Seigneur vous ait apparu pour vous dispenser d'un précepte du Décalogue ! — Il a bien dispensé Abraham du cinquième précepte, en lui ordonnant de tuer son fils, les Hébreux du septième en leur ordonnant de voler les Égyptiens. — Oui, mais c'étaient là des mystères favorables à la religion. — Et quoi de plus favorable à la religion que de tranquilliser treize âmes vertueuses et de les conduire à la parfaite union avec l'essence divine?» Je me souviens, dit Llorente, de lui avoir dit : « Mais, mon père, n'est-il pas étonnant que cette vertu singulière se soit rencontrée justement dans les treize jeunes et belles, et nullement dans les quatre autres qui étaient laides ou vieilles ? » Il répondit froidement : « Le Saint-Esprit souffle où il veut...»

Le même auteur, au même chapitre, tout en reprochant aux protestants d'avoir exagéré la corruption des confesseurs, avoue : « Qu'au seizième siècle, l'Inquisition avait imposé aux femmes l'obligation de dénoncer les confesseurs coupables, mais que les dénonciations se trouvèrent si nombreuses, qu'on déclara les pénitentes dispensées de dénoncer. » Les procès de ce genre étaient faits à huis clos, et les condamnations comme étouffées, dans de petits autodafé secrets. — D'après le nombre de procès que Llorente tire des registres, il compare la moralité des différents ordres religieux, et il trouve, par les chiffres même, un résultat bien naturel qu'on pouvait deviner sans chiffres : Ils abusaient de leurs pénitentes, justement en proportion du plus ou du moins d'argent et de liberté qu'ils avaient pour séduire d'autres femmes. Les moines pauvres et reclus étaient de dangereux confesseurs ; les religieux plus libres et les prêtres séculiers n'employaient guère le moyen hasardeux du confessionnal, parce qu'ils trouvaient ailleurs des occasions faciles. Ceux qui, comme directeurs, voient les femmes tête à tête chez elles ou chez eux, n'ont aucun besoin de les corrompre à l'autel.

elle est faible à en mourir ; mais l'excès de cette faiblesse est une force pour donner la fièvre... Terrible contagion... Vous avez cru que cette morte traînerait toujours après vous, et c'est vous qui l'allez suivre, elle emportera le vivant.

Là expirent toutes les subtilités dont se payait le désir... Un jour livide pénètre. La sophistique ne trouve plus de nuages pour l'obscurcir. Vous voyez trop tard alors que vous avez fait plus que vous ne vouliez faire. Vous avez détruit justement ce qui vous aurait servi ; chacune de ces puissances supprimées, cette volonté, cet esprit, ce cœur, qui aujourd'hui ne sont plus, s'ils fussent restés vivants, c'eût été pour vous... Non, brisés, fanés, éteints ! L'être détruit ne sent plus, n'a prise sur rien, et ne donne pas prise sur lui. Vous avez voulu serrer, mais vous avez étouffé. Celle en qui la vie est maintenant anéantie, vous la voudriez vivante, la ressusciter... On ne fait point de tels miracles. Ceci est et sera toujours une ombre froide, sans vie pour vous répondre ; pressez, si vous le pouvez, vous ne sentirez rien qui batte... Ce sera votre désespoir. Vous pouvez tout feindre, tout dire, hors un mot qu'on vous défie de prononcer sans douleur, le nom sacré de l'amour.

L'amour ! mais vous l'avez tué... Il faut une personne pour aimer. Et de ce qui fut une personne, vous avez fait une chose.

Homme orgueilleux qui, tous les jours, sommez votre Créateur de descendre sur l'autel, vous avez justement fait le contraire du Créateur; vous avez défait un être.

Vous qui d'un grain de froment savez faire un dieu, répondez, n'était-ce pas un dieu aussi que vous teniez tout à l'heure dans cette âme crédule et docile; le dieu intérieur de l'homme, qu'on appelle la liberté, qu'en avez-vous fait ? Vous vous êtes mis à la place : où elle fut, cette puissance par quoi l'homme est l'homme, je vois le néant.

Eh bien ! ce néant, qu'il soit votre supplice. Vous aurez beau y pénétrer, quelque bas que vous descendiez, vous ne trouverez que le vide, rien qui *veuille*, et rien qui *puisse*. Ici, tout a péri, de ce qui pouvait aimer.

# TROISIÈME PARTIE.

## DE LA FAMILLE.

# TROISIÈME PARTIE.

## DE LA FAMILLE.

### CHAPITRE I.

Le schisme dans la famille. LA FILLE ; par qui élevée. Importance de l'éducation, et avantage du premier occupant. Influence du prêtre sur le mariage, qu'il garde souvent après le mariage.

Le drame que j'ai essayé de suivre ne va pas toujours jusqu'au dernier acte, grâce à Dieu, jusqu'à l'anéantissement de la volonté, de la personnalité. On ne peut bien observer où il s'arrête, sous l'épais manteau de réserve, de discrétion, d'hypocrisie, dont tout ce monde noir est enveloppé. Le clergé doit redoubler d'ailleurs d'attention sur lui-même, au milieu de la lutte actuelle.

La principale lumière pour voir ce que cache l'Église, c'est hors de l'Église qu'il faut la chercher, dans la maison, dans la famille. Regardez bien. Il y a-là un reflet, malheureusement trop clair, de ce qui se passe ailleurs.

Nous l'avons dit. Si vous entrez le soir dans une maison, si vous vous asseyez à la table de famille, une chose vous frappera presque toujours : La mère et la fille sont ensemble, d'un même àvis, d'un côté; le père est de l'autre, et seul.

Qu'est-ce à dire? C'est qu'il y a encore à cette table quelqu'un que vous ne voyez point, pour contredire et démentir tout ce que dira le père. Il revient fatigué du présent, plein des soucis de l'avenir, et il trouve chez lui, pour repos et rafraîchissement d'esprit, la lutte avec le passé.

Il ne faut pas s'en étonner. Par qui nos filles, nos femmes sont-elles élevées? Il faut le répéter encore : par nos ennemis, par les ennemis de la Révolution et de l'avenir.

Ne vous récriez pas ici, ne me citez pas tel de vos sermons. Que m'importe que vous fassiez en chaire telle parade démocratique, si par dessous, par derrière, vos petits livres qui filent par milliers et par millions, votre enseignement qui se cache mal, votre confessionnal dont l'esprit transpire, nous montrent ce que vous êtes, les ennemis de la liberté... Sujets d'un prince étranger, qui reniez l'Église française, que parlez-vous de la France ?

SIX CENT VINGT MILLE[1] filles sont élevées par des religieuses, sous la direction des prêtres. — Ces filles seront bientôt des femmes, des mères qui livreront aux prêtres, autant qu'elles pourront, leurs filles et leurs fils.

La mère a déjà réussi pour sa fille. C'est elle qui par une obsession persévérante a vaincu les répugnances du père. Un homme qui tous les soirs, après l'agitation des affaires et la guerre du monde, trouve encore la guerre chez lui, peut-bien résister quelque temps, mais il faut qu'il cède. Autrement, il n'aura trêve ni cesse, repos ni refuge. La maison est inhabitable. La femme, n'ayant à attendre que rigueur au confessionnal tant qu'elle n'a pas réussi, vous fera

1 M. Louandre donne le chiffre de six cent vingt-deux mille filles dans sa consciencieuse statistique, *Revue des Deux-Mondes*, 1844.

chaque jour, chaque heure, la guerre qu'on lui fait, une guerre douce peut-être, doucement aigre, doucement implacable et acharnée. Murmure au coin du feu, tristesse à table, n'ouvrant la bouche souvent pour parler ni pour manger; puis au coucher, l'inévitable répétition de la leçon qu'elle a apprise, et jusque sur l'oreiller... Le même son d'une même cloche, toujours et toujours... qui y tiendrait? que faire? céder ou devenir fou!

Si l'homme était tellement ferme, obstiné, persévérant qu'il résistât à cette épreuve, la femme peut-être ne résisterait pas. « Comment la voir si malheureuse, languissante, inquiète, malade? elle maigrit visiblement... J'aime encore mieux sauver ma femme... » Voilà ce que dit l'homme; s'il n'est vaincu par sa femme, il l'est par son cœur. Le fils quitte le lendemain l'école pour l'*école chrétienne*, le collége pour le petit séminaire. La fille est menée par la mère triomphante à cette bonne pension voisine, où le bon abbé confesse et dirige. — Il ne se passe pas un an, que la pension ne vaut plus rien, elle est encore trop mondaine; la petite est remise aux religieuses dont l'abbé est *supérieur*, dans tel couvent à lui, sous sa main et sous sa clef.

Bon père, soyez tranquille, dormez sur les deux oreilles. Votre fille est en bonne main; la contradiction ne peut plus vous manquer jusqu'à la mort... Une fille d'esprit vraiment, et qui, sur toute chose, ayant été soigneusement armée contre vous, aura, quoi que vous disiez, l'argument contraire.

Ce qui est bizarre, c'est que généralement le père n'ignore pas qu'on élève son enfant contre lui. — Homme étonnant! qu'espérez-vous donc? — Oh! elle désapprendra; le temps, le mariage, le monde effacent bien tout cela... — Oui, un moment, mais pour reparaître; aux premiers désappointements du monde tout va revenir. Dès qu'elle vieillira un peu, elle se refera petite fille; son maître d'aujourd'hui sera son maître d'alors, pour votre contradiction, bon homme, dans vos derniers jours, pour le désespoir et la damnation quotidienne de son père et de son mari. Vous savourerez alors les fruits de cette éducation.

L'éducation! petite chose, faible puissance, il est vrai, que le père peut laisser prendre sans danger à ses ennemis!

Occuper l'esprit, avec tout l'avantage du premier occupant! Dans ce livre, encore tout blanc, écrire ce qu'on veut!... écrire *à toujours*. Car, sachez-le bien, vous aurez beau plus tard récrire par-dessus, croiser en long ce qui fut tracé en large; vous brouillez, vous n'effacez pas. C'est le mystère de cette jeune mémoire, si molle pour recevoir, qu'elle est forte pour garder. La trace primitive qui semble effacée à vingt ans, elle reparaît à quarante, à soixante. C'est la dernière, la plus nette peut-être que gardera la vieillesse.

« Quoi! la lecture, la Presse, notre grande puissance moderne qui va passer-là dessus, n'est-elle pas une éducation plus forte que la première? » N'y comptez pas. L'action de la Presse s'annulle en partie elle-même; elle a mille voix pour parler, mille voix pour se répondre et détruire ce qu'elle a dit. L'éducation ne fait pas tant de bruit; elle ne crie pas, elle règne. Voyez dans cette petite classe, sans témoin, sans contrôle, sans contradiction, un homme parle, un maître, et maître absolu, investi du pouvoir le plus ample de punir et de châtier... Sa voix, sans verge, en a la force; la petite créature, tremblante et croyante qui sort de dessous la mère, reçoit ses paroles pesantes qui entrent dans la substance molle, et s'enfoncent comme autant de clous d'airain.

Cela est vrai de l'école ; mais combien plus de l'église ! Pour la fille surtout, plus docile, plus craintive, plus fidèle certainement aux premières impressions. Ce qu'elle entendit la première fois dans cette grandiose église, sous ces voûtes retentissantes, par la voix de cet homme noir, qui lui fit alors grand'peur, les mots qu'il lui adressa alors *à elle-même*... ah ! ne craignez pas qu'elle les oublie jamais. Si elle pouvait oublier, elle rapprendrait chaque semaine ; la femme est toute sa vie à l'école, retrouvant au confessionnal son banc d'école, son maître d'école, le seul homme qu'elle craigne, le seul, nous l'avons dit, qui, dans l'état de nos mœurs, puisse menacer une femme.

Quel avantage pour lui, au couvent où on l'a mise, de la prendre toute petite, d'avoir le premier affaire à cette jeune âme, d'avoir auprès d'elle les premières sévérités, les premières indulgences aussi, qui sont si près des tendresses[1],

[1] Qu'est-ce que la direction généralement? 1° l'*amour avant l'amour ;* elle cultive chez la petite fille cette puissance qui s'éveille, et si bien la cultive-t-elle, qu'en sortant du couvent, il faut vite la soutenir sur un mari ; elle a hâte de tomber ; 2° l'*amour après l'amour*. Une vieille femme, pour le laïque, est une vieille ; pour le prêtre, c'est une femme. Où le monde finit, le prêtre commence.

d'être père, ami, d'une enfant tirée sitôt des bras maternels... Le confident de ses premières pensées sera longtemps mêlé aux rêveries de la jeune fille... Il a eu un privilége spécial, unique, que l'époux peut envier : quel? la virginité de l'âme, les prémices de la volonté.

C'est à cet homme, jeunes gens, qu'il vous faut demander la fille en mariage, avant d'en parler aux parents. N'allez pas vous y tromper, vous perdriez tout... Vous remuez la tête, fiers enfants du siècle, vous ne croyez point plier jamais le genou. Je désire alors que vous puissiez vivre seuls, épousant la philosophie. Autrement, je vous vois d'ici, avec tous vos beaux discours, aller furtivement, entre chien et loup, vous glisser dans une église et vous agenouiller devant le prêtre. On vous attendait là, l'on vous y prend. Vous n'y aviez pas pensé. Vous voilà amoureux, pauvre homme, vous ferez ce qu'on voudra.

Je souhaite seulement que cette fille, achetée ainsi, vous l'ayez vraiment. Mais avec cette mère et ce prêtre, la même influence, un moment diminuée, reprendra bientôt sa force. Vous aurez une femme, moins l'âme et le cœur, et vous vous apercevrez que celui qui la donne ainsi, c'est celui qui sait la garder [1].

[1] Ajoutons à ce chapitre un fait qui (rapproché de la page 203 sur la police ecclésiastique) porte à croire que le clergé ne perd pas de vue les filles qui sont élevées dans les couvents sous sa direction. Un de mes amis, dont la haute position et le caractère rendent le témoignage très-grave, me racontait dernièrement, qu'ayant placé une jeune parente dans un couvent, il avait appris des religieuses *qu'elles envoyaient à Rome* le nom des élèves qui se distinguaient le plus. La centralisation de tels renseignements sur les filles des familles importantes du monde catholique doit faciliter bien des combinaisons, et servir singulièrement la politique ultramontaine. Le *Jesù,* s'il en était ainsi, serait un vaste bureau de mariages.

## CHAPITRE II.

LA FEMME. Le mari ne s'associe pas sa femme; il sait rarement l'initier à sa pensée. Ce que serait l'initiation mutuelle. — La femme se console par son fils; on l'éloigne d'elle. — Isolement et ennui. Un pieux jeune homme. Le *spirituel*, le *mondain*; lequel des deux aujourd'hui est l'homme mortifié.

---

Le mariage donne au mari un moment unique pour acquérir vraiment la femme, la soustraire à l'influence étrangère, et se l'assurer à toujours. En profite-t-il ? Rarement.

Il faudrait que, dans ces commencements où il peut beaucoup sur elle, il l'associât à son mouvement d'esprit, à ses affaires, à ses idées, qu'il l'initiât à ses projets, qu'il lui créât, dans son activité, une activité à elle.

Qu'elle veuille et pense avec lui, agisse avec lui, souffre avec lui, voilà le mariage. Ce qui peut arriver de pis, ce n'est pas qu'elle souffre, mais qu'elle languisse, ennuyée, vivant à part, et comme veuve. Comment s'étonner alors, si elle se détache de lui?... Ah! si dès ces premiers temps il la faisait sienne, en lui faisant partager ses ambitions, ses agitations, ses inquiétudes, s'ils avaient veillé ensemble, troublés des mêmes pensées, il aurait gardé son cœur. On s'attache par le chagrin même; souffrir ensemble, c'est encore aimer.

La Française, plus que l'Anglaise et l'Allemande, plus qu'aucune femme, se prête à seconder l'homme, et peut devenir pour lui, non la compagne seulement, mais le compagnon, l'ami, l'associé, l'*alter ego*. Ce n'est guère que dans les classes commerçantes qu'on s'avise d'en profiter. Voyez dans les quartiers marchands, dans ce sombre magasin de la rue des Lombards ou de la Verrerie, la jeune femme, souvent née fort riche, qui n'en reste pas moins là, dans ce petit cabinet vitré, à tenir les livres, qui enregistre ce qui entre et sort, dirige les garçons, les commis. Avec un tel associé, la maison prospérera. Et le ménage y gagne aussi. Le mari et la femme, séparés d'occupations pendant le jour, doivent se réunir d'autant mieux dans une pensée commune.

Sans pouvoir s'associer d'une manière aussi directe à l'activité du mari, la femme, dans les autres carrières, pourrait entrer en communication des affaires, au moins des idées. Ce qui rend cela difficile, je ne l'ai pas dissimulé (p. 36), c'est l'esprit de spécialité qui va croissant dans nos professions diverses, ainsi que dans nos sciences, et nous pousse de plus en plus au détail minutieux, tandis que la femme, moins persévérante et moins obligée d'ailleurs aux applications précises, en reste aux généralités. L'homme qui veut sérieusement initier une femme à sa vie, le peut sûrement, si elle l'aime; mais il a besoin de beaucoup de patience et de douceur. Ils sont venus l'un à l'autre, comme des deux pôles, et préparés par une éducation contraire. Dès lors, comment voudriez-vous que votre jeune femme, tout intelligente qu'elle est, vous entendît au premier mot ? Si elle ne comprend pas, c'est le plus souvent votre faute; cela tient presque toujours aux formes abstraites, sèches et scolastiques dont votre éducation vous a donné l'habitude. Elle, qui reste dans la sphère du sens commun et du sentiment, elle n'entend rien à vos formules, et rarement, très-rarement, vous savez les traduire en langage humain. Cela demande de l'adresse, de la volonté, du cœur... Il y faudrait, monsieur, permettez-moi de le dire, plus d'esprit et plus d'amour.

Au premier mot non compris, le mari perd patience... « Elle est incapable, elle est trop légère. » Il s'éloigne, et c'en est fait... Ce jour-là, il perd beaucoup. S'il eût persisté, il l'eût entraînée peu à peu avec lui, elle eût vécu de sa vie, il y eût eu vraiment mariage... Ah ! quel compagnon il perd ! quel sûr confident ! quel auxiliaire zélé !... Dans cette personne qui, laissée à elle-même, lui semble peu sérieuse, il eût trouvé, aux moments difficiles, une lumière d'inspiration, souvent un sage conseil.

Je touche ici un grand sujet, où je voudrais m'arrêter. Je ne le puis. Un mot seulement :

L'homme moderne, victime de la division du travail, condamné souvent à une spécialité étroite où il perd le sentiment de la vie générale et où il s'atrophie lui-même, aurait besoin de trouver chez lui un esprit jeune et serein, moins spécialisé, mieux équilibré, qui le sortît du métier, et lui rendît le sentiment de la grande et douce harmonie. Dans ce temps d'âpre concurrence où le jour est plein d'efforts, où l'on revient chez soi brisé, moins de travaux encore que de désappointements, il faudrait une femme au foyer pour rafraîchir le front brûlant de l'homme. Cet ouvrier (sommes-nous autre chose dans nos spécialités ?), ce forgeron altéré d'avoir trop battu le fer, elle lui rouvrirait la source vive du beau et du bon, de Dieu et de la nature ; il boirait un moment aux eaux éternelles... Alors, *il oublierait*, il respirerait et reprendrait cœur... Relevé ainsi par elle, il la soulèverait à son tour de sa main puissante, la mènerait dans son monde, à lui, dans sa voie d'idées nouvelles et de progrès, la voie de l'avenir ![1]

Il n'en est pas ainsi malheureusement. Ce bel échange qui seul réalise le mariage, je ne le

[1] Ne croyez pas qu'il soit possible de rester au même point. On baisse ou l'on monte. S'il faut que toute la vie soit progrès, cela s'obtient bien mieux dans la famille naturelle, que dans la famille artificielle des couvents, etc. La femme a-t-elle fini comme femme, elle commence comme mère, grand'mère. Elle a toujours de nouveaux motifs de recommencer sa propre éducation morale, et de la pousser plus loin. La femme veut monter toujours (c'est pour cela qu'elle s'attache à l'homme). Eh bien ! la nature lui donne pour degrés, non la direction d'un seul homme, mais l'association successive à des générations meilleures, dont chacune reproduit la mère, renouvelée, améliorée.

trouve encore nulle part. On essaye bien un moment, dans les premiers temps, de communiquer ensemble; mais bientôt l'on se décourage; le mari devient muet; desséché au vent aride des intérêts, des affaires, il ne peut tirer un mot de son cœur. Elle s'en étonne d'abord, elle s'inquiète, elle l'interroge... Mais les questions l'irritent, on n'ose plus lui parler. Qu'il soit tranquille, le temps va venir où sa femme, rêveuse au foyer, absente d'esprit à son tour, et faisant son roman à part, le laissera à son aise dans sa taciturnité.

Avant tout, elle a un fils. C'est vers lui, si on le lui laisse, qu'elle va se tourner tout entière. Qu'elle sorte, elle lui donne la main, et le bras bientôt; c'est comme un jeune frère, « un petit mari... » Comme il a grandi déjà! que nous passons vite !... Et c'est dommage qu'il grandisse ; car voilà la séparation, voilà le latin, les larmes... Ne faut-il pas qu'il soit un savant ? Ne faut-il pas qu'il entre au plus tôt dans les voies violentes de la concurrence, qu'il acquière de bonne heure les mauvaises passions qu'on cultive en nous avec tant de soin, l'orgueil, l'ambition, la haine, l'envie ?... La mère voudrait attendre encore ; qui presse tant ? Il est si jeune, ces colléges sont si durs ! Il apprendra bien mieux chez elle, si on veut le lui laisser ; elle fera venir des maîtres, elle se fera maître d'études, elle n'ira plus au bal... « Impossible, madame, impossible ! vous en feriez une femmelette... » Le fait est que le père, quoiqu'il aime fort l'enfant, trouve que dans une maison réglée, ce mouvement, cette agitation bruyante, sont intolérables. Il est incapable de rien supporter de tel ; fatigué, blasé, de mauvaise humeur, il veut le silence, il veut le repos.

Sage mari, qui traitez légèrement les résistances d'une mère, ne sentez-vous pas que c'est peut-être aussi par un instinct de vertu, que cette femme veut garder son fils, le pur et irréprochable témoin devant lequel elle eût toujours été sainte? Si vous saviez combien la présence de l'enfant est utile à la maison, c'est vous qui l'y retiendriez. Tant qu'il y restait, cet enfant, la maison en était bénie. Lui présent, le lien de la famille se serait difficilement relâché. Qui fait le mariage et la famille? l'enfant qu'on espère. Et qui la maintient? l'enfant qu'on possède. Il en est le but et la fin, le milieu, le médiateur, j'allais dire le tout.

On ne saurait trop le redire, rien n'est plus vrai, la femme est seule. Elle est seule, ayant un mari; avec un fils, elle est seule. Une fois au collége, elle ne le voit que par grâce, souvent à grands intervalles. Après le collége, d'autres prisons attendent le jeune homme, et d'autres exils.

Une soirée brillante se donne; entrez dans ces salons si bien éclairés, vous voyez les femmes assises en longues files, parées, parfaitement seules. Allez vers quatre heures aux Champs-Élysées, vous revoyez les mêmes femmes qui s'en vont tristement au Bois, chacune seule dans sa voiture... Celles-ci sont dans une calèche, d'autres au fond d'une boutique; mais les unes et les autres, seules.

Dans la vie des femmes qui ont le malheur d'avoir peu à faire, il n'est rien qui ne s'explique par un mot : l'isolement et l'ennui. L'ennui, qu'on croit une disposition d'esprit languissante et négative, est pour une femme nerveuse un mal positif, impossible à supporter. Il tient sa proie, il la ronge...[1] Qui suspend le mal un moment, devient un sauveur.

[1] L'amour même y remédie bien moins qu'on ne croit. Nos beaux romans de ce temps ont eu un effet tout contraire à celui qu'on sup-

L'ennui fait recevoir des amies qu'on sait ennemies, curieuses, envieuses, médisantes. L'ennui fait supporter des romans en feuilletons, dans cette forme coupée, qui vous arrête à chaque instant, quand l'intérêt commençait [1]. L'ennui mène à ces concerts mêlés de toute musique, où la diversité des styles est une fatigue pour l'oreille. L'ennui traîne à tel sermon que deux mille personnes écoutent, et que pas une ne peut lire. Il n'est pas jusqu'aux douceâtres productions demi-mondaines, demi-dévotes, dont les néo-catholiques inondent le faubourg Saint-Germain, qui ne trouvent quelque lectrice chez ces pauvres femmes ennuyées. Elles supportent, ces dames délicates et maladives, un nauséabond mélange de musc et d'encens, qui troublerait l'estomac de toute personne en santé.

Un de ces jeunes auteurs explique dans un

po.e. C'est d'abréger les passions. La passion réelle perd souvent beaucoup, quoi qu'on dise, en face de ces puissants tableaux ; elle souffre à la comparaison. La femme trouve bien vite son roman personnel faible et fade en présence d'Indiana et de Valentine. L'amour pâlit et *déteint* vite aux yeux d'une femme d'esprit dont l'expérience est éclairée par cette impitoyable lumière.

[1] Ceci uniquement contre la forme coupée, et nullement contre le talent admirable que quelques écrivains y ont montré.

roman tout l'avantage qu'il y a à commencer la galanterie par la dévotion galante. Le procédé n'est pas nouveau. Je voudrais seulement que ceux qui l'ont renouvelé de Tartuffe, y missent un peu d'esprit.

Ils n'en ont pas grand besoin. Les femmes écoutent leurs déclarations voilées, leurs équivoques d'amour, par conscience, pour faire leur salut. Telle qui avec l'ami le plus grave se scandaliserait au premier mot d'amitié, souffre patiemment du jeune lévite ce langage à double entente. Une femme spirituelle, qui a du monde, de l'expérience, qui a lu et vu, ici elle ne veut pas voir. S'il a peu de talent, s'il est lourd, peu amusant, il a si bonne intention ! Le Père un tel en répond, c'est un bon sujet...

Le fait est que celui-ci, à propos de dévotion, parle d'amour, c'est son mérite ; même quand on en parle d'une manière faible et fade, c'est un mérite encore, près d'une femme qui mûrit. Le mari, fût-il distingué, a toujours le tort d'être un homme *positif*, tout occupé, dit-on, d'*intérêts matériels*. Et en effet, il s'occupe de l'intérêt de la famille, il assure l'avenir des enfants, il use sa vie pour entretenir le luxe où vit la dame, au delà de sa fortune.

Peut-être ce mari aurait-il à dire que tout cela, quelque matériel qu'en puisse être le résultat, est pour lui un intérêt moral, un *intérêt de cœur*. Peut-être ajouterait-il qu'en s'occupant d'intérêts matériels au profit des autres, dans nos assemblées, dans nos tribunaux, dans mille positions diverses, on peut se montrer plus *désintéressé*, et par conséquent plus spiritualiste, que tous les brocanteurs de spiritualité, qui font de l'Église une Bourse.

Indiquons ici un contraste, qu'on ne remarque pas assez.

Au moyen âge, l'homme spirituel, *l'homme mortifié*, c'était le prêtre. Par les études auxquelles seul il se livrait, par les veilles et les offices de nuit, par l'excès des jeûnes, par les saignées monastiques, il mortifiait le corps. Aujourd'hui il reste peu de chose de cela ; l'Église a tout adouci. Les prêtres vivent comme nous ; si la vie est médiocre, mesquine, pour un grand nombre d'entre eux, au moins leur est-elle généralement assurée. On le voit de reste à la liberté d'esprit avec laquelle ils remplissent le loisir des femmes d'interminables entretiens.

Quel est *l'homme mortifié* aujourd'hui, par ce temps d'âpre travail, d'ardents efforts, de brûlante concurrence? C'est le laïque, c'est le mondain. Ce mondain, plein de soucis, travaille tout le jour, la nuit, pour la famille ou pour l'État. Engagé souvent dans une spécialité d'affaires ou d'études trop épineuse pour que la femme et les enfants s'y intéressent, il ne peut leur communiquer ce qui remplit son esprit. A l'heure même du repos, il parle peu, il suit son idée. Le succès dans les affaires, l'invention dans la science, s'obtiennent à haut prix, au prix que dit Newton : *En y pensant toujours*... Solitaire parmi les siens, il risque, lu qui fait leur gloire ou leur fortune, de leur devenir étranger.

L'homme d'église au contraire, qui aujourd'hui, à en juger par ce qu'il publie, étudie peu, n'invente rien, qui d'autre part ne se fait plus à lui-même cette guerre de mortifications que s'imposait le moyen âge, il peut, frais et reposé, suivre à la fois deux affaires. Par son assiduité et ses doucereuses paroles il gagne la famille de cet homme trop occupé, et cependant du haut de la chaire il accable le mondain des foudres de son éloquence.

## CHAPITRE III.

La mère. Seule, pendant longtemps, elle peut élever l'enfant. Allaitement intellectuel; gestation, incubation, éducation. L'enfant garantit la mère. La mère garantit l'enfant, elle protége son originalité native; l'éducation publique doit limiter cette originalité, le père même la limite; la mère la défend. Faiblesse maternelle. Mais la mère veut faire un héros. Désintéressement héroïque de l'amour maternel.

---

Nous l'avons dit : Si vous voulez que la famille soit forte contre l'influence étrangère qui la dissout, *laissez-y l'enfant*, autant qu'il est possible. Que *la mère* l'élève sous la direction du père, sauf le moment où le réclame pour l'éducation publique la grande mère, *la patrie*.

Si la mère élève l'enfant, il en résultera une chose, c'est qu'elle restera très-près du mari, ayant besoin de ses conseils, et voulant toujours recevoir de lui des connaissances nouvelles. L'idée véritable de la famille se trouvera réalisée, qui est d'être une initiation de l'enfant par la femme, et de la femme par l'homme.

L'instinct de la mère est juste et vrai ; il mérite qu'on le respecte. Elle veut garder son enfant ; séparée de lui par le fer, au moment de la naissance, elle cherche toujours à rejoindre cette partie d'elle-même qu'une force cruelle en arracha, mais qui a sa racine au cœur... Quand on le lui ôte pour l'élever loin d'elle, c'est un autre arrachement... Il pleure, elle pleure, on passe outre... C'est à tort. Dans ces larmes, où l'on ne voit que faiblesse, il y a une chose bien grave, où il faut faire attention. C'est qu'*il a besoin d'elle encore*.

L'allaitement n'est pas fini. La nourriture intellectuelle, comme l'autre, dans ses commencements, devait arriver à l'enfant, sous forme de lait, je veux dire, fluide, tiède, douce, *vivante* [1]. La femme seule la donne ainsi. Les hommes veulent, tout d'abord, à ce nouveau-né, dont les dents, poussées à peine, sont endolories, ils veulent lui donner du pain, et on le

[1] *Vivante*, ce qui exclut tout ce qui fait de la science un joujou, es mnémotechnies, etc., etc.

bat s'il n'y mord. Donnez-lui encore du lait, au nom de Dieu, il boira bien volontiers [1].

Qui croira un jour que les hommes se soient ainsi chargés de porter, d'allaiter ces nourrissons ? Eh ! laissez-les donc aux femmes ! Chose aimable à voir, un enfant bercé par un homme ! Malheureux, prenez donc garde ! l'objet est fragile ; en le maniant de vos grosses mains, vous l'allez briser.

Entre le maître et l'enfant, la dispute est celle-ci. L'homme donne la science par les méthodes qui sont propres à l'homme, à l'état de règles fixes, par classifications bien délimitées, sous formes anguleuses et comme cristallisées. Eh bien ! ces prismes de cristal, tout lumineux qu'ils peuvent être, blessent par leurs angles et leurs saillies. L'enfant, mol et fluide encore, ne peut longtemps rien recevoir qui n'ait la fluidité de la vie. Le maître s'indigne, s'aigrit de sa lenteur, il ne sait par où le prendre.

Une seule personne au monde a le sentiment

[1] Le peintre des Sibylles et des Prophètes, Michel-Ange, qui lui-même était un prophète, a enseigné à sa manière comment l'initiation appartient surtout à la femme. Sous les pieds des vierges terribles dans la bouche desquelles tonne la parole de Dieu, il a mis l'initiation des enfants, des mères, sous les formes les plus naïves.

délicat des ménagements dont l'enfant a besoin, une seule, celle qui l'a eu en soi, et qui, malgré l'arrachement, forme toujours avec lui un tout identique. Gestation, incubation, éducation, ces mots sont longtemps synonymes.

Bien plus longtemps qu'on ne croirait. L'influence de la femme sur l'enfant qui se développe, est plus grande et plus décisive que celle qu'elle exerça sur le nourrisson. Je ne sais s'il est indispensable que la mère allaite de son sein ; il l'est, j'en suis bien sûr, qu'elle allaite de son cœur. La chevalerie sentit très-bien que le mobile le plus puissant de l'éducation, c'est l'amour. Cela seul a fait, pour avancer l'humanité au moyen âge, plus que n'ont pu pour la retarder les disputes de la Scolastique.

Nous aussi, nous avons notre scolastique, l'esprit d'abstractions creuses et de disputes verbales ; nous n'en combattrons l'influence qu'en prolongeant l'influence de la mère, en associant la femme à l'éducation, en donnant à l'enfant un docteur aimé. L'amour, dit-on, est un grand maître. Cela est vrai surtout du plus grand, du plus profond, du plus pur de tous les amours.

Aveugles, imprudents que nous sommes !

nous ôtons l'enfant à la femme, lorsqu'il lui était le plus nécessaire. Nous lui enlevons la chère occupation pour laquelle Dieu l'avait faite. Et nous nous étonnons ensuite que cette femme cruellement sevrée, languissante maintenant, oisive, se livre aux vaines rêveries, qu'elle subisse de nouveau le joug qu'elle porta jadis, et que souvent, s'imaginant rester fidèle au devoir, elle écoute le Tentateur qui lui parle au nom de Dieu.

Soyez prudents, soyez sages : laissez-lui son fils. Il faut que la femme aime toujours. Laissez-lui plutôt l'amant que lui donne la nature, celui qu'elle eût préféré à tous les amants. Pendant que vous êtes tout entier à vos affaires, (à vos passions peut-être?) laissez-lui au bras le frêle et grandelet jeune homme, elle sera fière et heureuse... Vous craignez que gardé trop longtemps par une femme, il ne devienne une femme. Mais, c'est elle qui se ferait homme, si vous lui laissiez son fils. Essayez, elle va changer, vous serez étonné vous-même. De petits voyages à pied, de longues courses à cheval, rien ne lui coûte, croyez-le. Elle commence de bon cœur les exercices du jeune homme, elle retourne à son âge, elle se renouvelle dans cette *vita nuova;* vous même, de retour, en voyant votre Rosalinde [1], vous croirez avoir deux fils.

Règle générale, à laquelle du moins je n'ai guère vu d'exception, les hommes supérieurs sont tous *les fils de leur mère*; ils en reproduisent l'empreinte morale, aussi bien que les traits.

Je vais bien vous étonner. Eh bien! je vous dirai que sans elle, justement, il ne sera jamais homme. La mère seule est assez patiente pour développer la jeune créature, en ménageant sa liberté. Il faut prendre garde, bien garde, de placer l'enfant, faible encore et trop pliable, sous la main des étrangers. Les mieux intentionnés risquent, en pesant trop sur lui, de lui courber les épaules, en sorte que jamais il ne se redresse. Le monde est plein d'hommes qui, pour avoir porté trop tôt un joug pesant, restent serfs toute leur vie. Une trop forte, trop précoce éducation a brisé en eux quelque chose, l'originalité, le *genius*, l'*ingegno*, qui est la fine fleur de l'homme.

L'ingénuité originale et libre du caractère, le génie sacré qu'on apporte à la naissance, qui

[1] Shakspeare, *As you like it.*

les respecte aujourd'hui? C'est presque toujours le côté qui blesse, et qu'on blâme, c'est le côté par lequel *celui-ci n'est pas comme tout le monde*... A peine, la jeune nature s'éveille et fleurit dans sa liberté, tous s'étonnent, tous secouent la tête : « Qu'est-ce ceci? nous ne l'avions pas vu encore... Vite, qu'on la serre, qu'on l'étouffe, cette fleur vivante. Voici des cadres de fer... Ah! tu t'épanouissais, ah! tu jetais au soleil ta végétation luxuriante. Sois sage, ô fleur, sois sage; sèche et resserre-toi...

Cette pauvre petite chose contre laquelle tous sont d'accord, qu'est-ce, je vous prie, sinon l'élément individuel, spécial, original, par lequel cet être allait se distinguer des autres, ajouter un caractère nouveau à la variété des caractères humains, un génie peut-être à la série des génies féconds. L'esprit stérile, c'est presque toujours la plante qui, trop bien liée au bois mort qui lui sert d'appui, a séché sur lui, et peu à peu s'est faite à sa ressemblance; la voilà bien contenue, bien régulière, n'en craignez rien d'excentrique; l'arbre n'est plus qu'un *arbre sec* qui jamais n'aura une feuille.

Que veux-je dire? que l'appui est inutile,

qu'il faut abandonner la plante à elle-même? Rien n'est plus loin de ma pensée. Je crois au contraire à la nécessité des deux éducations, celle de la famille, et celle de la patrie. Distinguons leurs influences.

La dernière, notre éducation publique, meilleure aujourd'hui certainement qu'elle ne fut jamais, que veut-elle? quel est son but? elle veut harmoniser l'enfant avec la patrie, et avec la grande patrie, le monde. C'est là ce qui constitue sa légitimité, sa nécessité. Elle se propose surtout de lui donner un fonds d'idées communes à tous; elle veut le rendre raisonnable, empêcher qu'il ne soit en discordance avec ce qui l'entoure; elle l'empêche de détonner, dans ce grand concert où il vient faire sa partie. Elle règle ce qu'il peut y avoir de trop irrégulier dans ses vives saillies.

Ceci pour l'éducation publique. La famille, c'est la liberté. Là pourtant encore, il y a obstacle, entrave, à l'élan original. Le père règle cet élan; sa prévoyance inquiète lui impose le devoir de faire entrer de bonne heure ce libre coursier dans le sillon où il doit labourer bientôt. Trop souvent, il arrive au père de se méprendre, de consulter avant tout les convenances extérieures, de chercher la carrière profitable, et toute tracée, plus que celle où la nature appelait son jeune et puissant nourrisson. Que de chevaux de race condamnés ainsi à tourner dans un manége !

Pauvre liberté! qui donc aura des yeux pour te voir, un cœur pour te ménager? Qui donc aura la patience, l'indulgence infinie pour supporter tes premiers écarts, pour encourager parfois ce qui fatigue l'étranger, l'indifférent, le père même?... Dieu seul qui a fait cette créature, et qui, l'ayant faite, la sait assez bien pour y voir, pour y aimer le bien jusque dans le mal..., Dieu, dis-je, et la mère avec Dieu : ici, c'est la même chose.

Quand on songe que la vie moyenne est si courte, qu'un si grand nombre d'hommes meurent tout jeunes, on hésite d'abréger cette première, cette meilleure époque de la vie, où l'enfant, libre sous la mère, vit dans la Grâce, et non dans la Loi. Mais s'il est vrai, comme je pense, que ce temps qu'on croit perdu est justement l'époque unique, précieuse, irréparable, où parmi les jeux puérils, le *genius* sacré essaye son premier essor, la saison où les ailes poussent, où l'aiglon s'essaye à voler..., ah! de grâce, ne l'abrégez pas.

Ne chassez pas avant le temps cet homme nouveau du paradis maternel ; encore un jour ; demain, à la bonne heure, mon Dieu ! il sera bien temps ; demain, il se courbera au travail, il rampera sur son sillon... Aujourd'hui, laissez-le encore, qu'il prenne largement la force et la vie, qu'il aspire d'un grand cœur l'air vital de la liberté.

Une éducation trop exigeante, trop zélée, inquiète, est un danger pour les enfants. On augmente toujours la masse d'étude et de science, les acquisitions extérieures; l'intérieur succombe. Celui-ci n'est que latin, tel n'autre n'est que mathématiques. Où est l'homme, je vous prie [1]?

Et c'était l'homme justement qu'aimait et ménageait la mère. C'est lui qu'elle respectait dans les écarts de l'enfant. Elle semblait retirer son action, sa surveillance même, afin qu'il agît, qu'il fût libre et fort. Mais, en même temps, elle l'entourait toujours comme d'un invisible embrassement.

[1] Si l'on craint que l'homme moral ne succombe dans les écoles trop fortes et trop savantes, que dire de celles où les maîtres attaquent la moralité directement, en donnant à l'enfant les habitudes de déloyauté, de délation, qu'ils pratiquent eux-mêmes entre eux ? Voyez p 304, note.

Il y a un péril, je le sais bien, dans cette éducation de l'amour. Ce que l'amour veut et désire par-dessus tout, c'est de s'immoler, de sacrifier tout, intérêts, convenances, habitudes, la vie, s'il le faut. L'objet de cette immolation peut, dans son égoïsme enfantin, recevoir, comme chose due, tous les sacrifices, se laisser traiter en idole, inerte, immobile, et devenir d'autant plus incapable d'action qu'on agira plus pour lui.

Danger réel, mais balancé par l'ambition ardente du cœur maternel, qui presque toujours place sur l'enfant une espérance infinie, et brûle de la réaliser. Toute mère de quelque valeur a une ferme foi, c'est que son fils doit être un héros, dans l'action ou dans la science, il n'importe. Tout ce qui lui a fait défaut dans sa triste expérience de ce monde, il va, lui, ce petit enfant, le réaliser. Les misères du présent sont rachetées d'avance par ce splendide avenir : tout est misérable aujourd'hui ; qu'il grandisse, et tout sera grand... O poésie, ô espérance ! où sont les limites de la pensée maternelle?... « Moi, je ne suis qu'une femme ; mais voici un homme.. J'ai donné un homme au monde... » Une seule chose l'embarrasse : l'enfant sera-t-il un Bonaparte, un Voltaire ou un Newton?

S'il faut absolument pour cela qu'il la quitte, eh bien! qu'il aille, qu'il s'éloigne, elle y consent; s'il faut qu'elle s'arrache le cœur, elle s'arrachera le cœur... L'amour est capable de tout, et d'immoler l'amour même... Oui, qu'il parte, qu'il suive sa grande destinée, qu'il accomplisse le beau rêve qu'elle fit quand elle le portait dans son sein ou sur ses genoux... Et alors, chose incroyable, cette femme craintive, qui tout à l'heure n'osait le voir marcher seul, sans craindre qu'il ne tombât, elle est devenue si brave qu'elle l'envoie dans les carrières les plus hasardeuses, sur mer, ou bien encore dans cette rude guerre d'Afrique...Elle tremble, elle meurt d'inquiétude, et pourtant elle persiste... Qui peut la soutenir? sa foi. L'enfant ne peut pas périr, puisqu'il doit être un héros.

Il revient... Qu'il est changé! Quoi! ce fier soldat, c'est mon fils. Parti enfant, il revient homme; il a hâte de se marier. Voilà un autre sacrifice, et qui n'est pas le moins grand. Il faut qu'il en aime une autre; il faut que la mère, pour qui il est et sera toujours le premier, n'ait en lui désormais que la seconde place, une place bien petite, hélas ! aux moments de passion... Alors elle se cherche et se choisit sa rivale, elle l'aime à cause de lui, elle la pare, elle se met à sa suite et les conduit à l'autel, et tout ce qu'elle y demande, c'est de ne pas être oubliée.

## CHAPITRE IV.

De l'amour. L'amour veut *élever*, non absorber. Fausse théorie de nos adversaires, et leur dangereuse pratique. L'amour veut se créer un égal, qui aime librement. L'amour dans le monde, et dans le monde civil. L'amour dans la famille ; peu compris du moyen âge. Religion du foyer.

---

Aurais-je, dans le chapitre précédent, séduit par un sujet plus doux, perdu de vue tout le débat que j'ai suivi dans mon livre?

Je crois avoir, tout au contraire, fort éclairci la question. L'amour maternel (ce miracle de Dieu), et l'éducation maternelle, aident à faire comprendre ce que doit être toute éducation, toute direction, toute initiation.

L'avantage singulier de la mère dans l'éducation, c'est qu'étant, par-dessus tous, dévouée et désintéressée, elle respecte dans la faible petite chose qui devient une personne la personnalité naissante. Elle est, pour l'enfant, le défenseur de l'individualité originale. Elle veut, aux dépens d'elle-même, qu'il agisse selon son génie, qu'il croisse et *s'élève*.

L'éducation, la vraie direction, que peuvent-elles vouloir? Ce que veut l'amour, dans son idée la plus haute et la plus désintéressée : Que la jeune créature *s'élève*. Prenez ce mot dans les deux sens. Qu'elle s'élève au-dessus d'elle-même, au niveau de celui qui l'aide, au-dessus de lui, s'il se peut. Le fort, loin d'absorber le faible, veut le rendre fort, et l'amener à l'égalité. Il y tend en le développant non-seulement dans ce qui les rapproche, mais même en ce qui les distingue, en suscitant ce qu'il a de libre originalité, en provoquant l'action dans cet être né pour agir, en faisant appel à la personne, à ce qu'elle a de plus personnel, à la volonté... Le vœu le plus cher de l'amour c'est, dans la personne aimée, de susciter la volonté, la force morale, jusqu'à son degré le plus sublime, jusqu'à l'héroïsme.

L'idéal de toute mère, et c'est le véritable dans l'éducation, c'est de faire un héros, un homme puissant en actes et fécond en œuvres, qui veuille, et qui puisse, et qui crée.

Rapprochons de cet idéal celui de l'éducation et de la direction ecclésiastique.

Elle veut faire un saint, non un héros ; elle croit ces deux mots opposés. Elle se trompe sur l'idée de la sainteté, en la plaçant non dans l'harmonie avec Dieu, mais dans l'absorption en Dieu.

Toute leur théologie, dès qu'on la pousse un peu, dès qu'on ne lui permet pas de rester dans l'inconséquence, s'en va, par sa pente invincible, droit à cet abîme. C'est là qu'elle a fini, comme elle devait finir, au dix-septième siècle. Les grands directeurs de ce temps, qui venant les derniers ont eu l'analyse de la chose, montrent parfaitement le fonds, qui est l'*anéantissement*, l'art d'anéantir l'activité, la volonté, la personnalité. — « Anéantir, oui, mais en Dieu... » — Dieu le veut-il ? Actif et créateur, il doit vouloir qu'on lui ressemble, qu'on agisse, qu'on crée. Vous méconnaissez Dieu le Père.

Cette fausse théorie est convaincue dans la pratique. En la suivant de près, nous avons vu qu'elle atteint le contraire de son but. Elle promet d'absorber l'homme en Dieu, et le console de cette absorption en lui promettant de participer à l'infini où il entre. Elle ne fait en réalité qu'absorber l'homme en l'homme, dans l'infinie petitesse. Le dirigé s'anéantissant dans le directeur, de deux personnes il en reste une; l'autre a péri comme personne, elle est devenue chose.

La direction dévote, observée dans notre première partie chez les plus loyaux directeurs, chez des femmes très-pieuses, me donne deux résultats, que je formule ainsi :

1° Un saint qui, pendant longtemps, parle à une sainte de l'amour de Dieu, la convertit infailliblement à l'amour.

2° Si cet amour reste pur, c'est un hasard tout personnel, c'est que l'homme est un saint; car la personne dirigée, perdant peu à peu toute volonté propre, doit, à la longue, être à sa merci. —Reste à dire que celui qui peut tout, n'usera de rien, que ce miracle d'abstinence se renouvellera tous les jours.

Le prêtre s'est toujours cru, dans son for intérieur, un grand maître en amour. Habitué à se maîtriser, à ruser, à louvoyer, il croit avoir seul le vrai ménagement de la passion. Il avance à couvert par les chemins de l'équivoque; il avance avec sûreté, il est patient et prend pied dans les habitudes. Il rit sous cape de notre vivacité emportée, de notre franchise imprudente, des élans sans règle ni mesure qui nous font passer à côté du but.

Si l'amour était l'art de surprendre l'âme, de la subjuguer par autorité et insinuation, de la briser par la crainte pour la saisir par l'indulgence, en sorte que lasse, assoupie de fatigue, elle se laisse envelopper d'un invisible filet... si l'amour était cela, certes le prêtre serait le grand docteur en amour.

Beaux maîtres, apprenez des ignorants, des malhabiles qu'avec tous vos petits arts, vous n'avez jamais su ce que c'est que cette chose sacrée... Oh! il y faut un cœur sincère, c'est la première condition, la loyauté dans les moyens; la seconde, c'est la générosité qui ne veut point asservir, mais affranchir plutôt et fortifier ce qu'il aime, l'aimer dans la liberté, libre d'aimer ou n'aimer pas.

Venez, mes saints, écoutez là-dessus deux mondains, deux comédiens, Molière et Shakspeare. Ceux-ci en ont su plus que vous :

On demande à celui qui aime, comment est l'objet aimé, de quel nom et de quelle figure?...

De quelle taille? — « *Juste aussi haut que mon cœur*[1]. »

Noble formule, qui est celle de l'amour, et aussi celle de l'éducation, de toute initiation : l'égalité voulue sincèrement, le désir d'élever à soi et de faire son égal, « juste aussi haut que son cœur. »

Shakspeare a dit, et Molière a fait. Il a été, au plus haut degré, « le génie éducateur, »[2] celui qui veut élever, affranchir, qui aime dans l'égalité, la liberté et la lumière. Il a flétri comme un crime[3] l'indigne amour qui surprend l'âme en l'isolant dans l'ignorance, en la tenant serve et captive. Dans sa vie, conforme à son œuvre, il a donné le noble exemple de cet amour généreux, qui veut que l'objet aimé soit *son égal, autant que lui*, qui le fortifie et qui lui donne des armes même contre lui... C'est l'amour, et c'est la foi.

C'est la foi que, tôt ou tard, l'être émancipé doit revenir au plus digne. Et le plus digne, n'est-ce pas celui qui voulut être aimé librement?

[1] Just as high as my heart. Shakspeare, As you like it.

[2] Remarque ingénieuse et très-juste de E. Noël.

[3] Dans l'*École des femmes*, et partout.

Néanmoins, pesons bien les termes de ce mot grave : *Son égal*, et tout ce qu'il y a là de dangers... C'est comme si ce créateur disait à la créature, qu'il a faite et qu'il émancipe : « Tu es libre, le pouvoir sous lequel tu as grandi ne te retient plus. Hors de moi, et n'y tenant que par le cœur et le souvenir, tu peux agir, penser ailleurs... et contre moi, si tu veux ! »

Voilà ce qu'il y a de sublime dans l'amour, et pourquoi Dieu lui pardonne beaucoup de choses ! c'est que, dans son désintéressement sans limites, voulant faire un être libre et en être aimé librement, il crée son propre péril... Le mot « pouvoir agir ailleurs » contient aussi « aimer ailleurs », et la chance de l'arrachement. Cette main, faible auparavant, devenue forte et hardie par tous les soins de l'amour, l'amour lui remet l'épée ; qu'elle la tourne contre lui, elle le peut, nulle défense, il ne s'est rien réservé.

Élevons cette idée, je vous prie, étendons-la de l'amour de la femme à l'amour universel, à celui qui fait la vie du monde et du monde civil.

Dans le monde, il appelle incessamment de

règne en règne, la vie de plus en plus vivante, qui s'allume et va montant. Il suscite des profondeurs inconnues des êtres qu'il émancipe, qu'il arme de liberté, du pouvoir d'agir bien ou mal, d'agir même contre celui qui les crée et les fait libres.

Dans le monde civil, l'amour (charité, patriotisme, qu'on l'appelle comme on voudra) fait-il autre chose? Son œuvre, c'est d'appeler à la vie sociale, à la puissance politique, tout ce qui n'a pas encore vie dans la cité. Le faible, le pauvre, dans leur rude sentier, où ils grimpent des pieds et des mains contre la fatalité, il les soulève, il les place dans l'égalité, dans la liberté.

Le degré inférieur de l'amour, c'est de vouloir absorber la vie. Son degré supérieur, c'est de vouloir susciter la vie, une vie énergique et féconde. Il trouve sa jouissance à élever, augmenter, créer ce qu'il aime. Son bonheur est de voir monter, sous son souffle, une nouvelle créature de Dieu, d'aider à la création, qu'elle lui serve ou qu'elle lui nuise.

« L'amour, dans ce désintéressement, n'est-ce pas un rare miracle? un de ces instants si courts où la nuit de notre égoïsme s'illumine d'un éclair de Dieu? »

Non, le miracle est permanent. Vous le voyez, vous l'avez sous les yeux, et vous détournez la tête... Rare peut-être chez l'amant, il se voit partout chez la mère... Homme, tu cherches Dieu, du ciel à l'abîme... mais il est à ton foyer.

L'homme, la femme, et l'enfant, l'unité des trois personnes, leur médiation mutuelle, voilà le mystère des mystères. L'idée divine du christianisme, c'est d'avoir mis ainsi la famille sur l'autel. Il l'y a posée, il l'y a laissée; pendant quinze cents ans, le moyen âge, mon pauvre moine rêveur, l'y a contemplée en vain. Il n'a jamais pu deviner la mère [1], comme initiation. Il s'est épuisé au côté stérile, il a poursuivi la Vierge [2], et nous a laissé Notre-Dame.

[1] Le moyen âge va toujours trop haut ou trop bas, il n'a pas connu les milieux. Le triomphe de la femme est tout idéal dans Béatrix, et la *passion* de la femme tombe trop bas dans Griselidis, qui se résigne même comme mère. Rien de pratique. — Cette ignorance des milieux est choquante, à plus forte raison, dans tous les sermons d'aujourd'hui. C'est toujours le ciel ou l'enfer; nul intervalle. La femme pour eux c'est une sainte, ou c'est une prostituée. Jamais ils ne parlent pour la sage épouse, pour la mère de famille. Cet esprit d'exagération rend leur parole singulièrement stérile.

[2] Poésie de moines, de célibataires, on le sent partout. Ils font la Vierge de plus en plus jeune, de plus en plus fille, de moins en moins

Ce qu'il n'a pu, tu le feras, homme moderne. Ce sera ton œuvre. Puisses-tu, seulement, dans la hauteur de ton génie abstrait, ne pas dédaigner les enfants et les femmes, qui t'enseigneraient la vie. Dis-leur la science et le monde; ils te diront Dieu.

Que le foyer se raffermisse; l'édifice ébranlé de la religion et de la religion politique va reprendre assiette. Cette humble pierre où nous ne voyons que le bon vieux Lare domestique, c'est, ne l'oublions jamais, la pierre angulaire du Temple et le fondement de la Cité.

mère. Mille légendes vaines et indécentes; et ils passent à côté de la légende essentielle qui aurait fécondé le moyen âge: *L'éducation de Jésus par la Vierge*. On devait sentir pourtant qu'il eut *le cœur maternel*. Il pleure pour Lazare... Laissez venir à moi les petits, etc.

J'ai fini, et mon cœur n'a pas fini. Un mot donc encore.

Un mot aux prêtres. Je les avais ménagés ; ils m'ont attaqué. Eh bien ! aujourd'hui même, ce n'est pas eux que j'attaque. Ce livre n'est pas contre eux.

Il n'attaque que leur esclavage, la situation contre nature où on les retient, les conditions bizarres qui les rendent à la fois malheureux et dangereux ; s'il avait quelque effet, il préparerait pour eux l'époque de la délivrance, l'affranchissement de la personne et l'affranchissement de l'esprit.

Qu'ils disent et fassent ce qu'ils voudront, ils ne m'empêcheront jamais de m'intéresser à leur sort. Je ne leur impute rien. Ils ne sont pas libres d'être justes, ni d'aimer, ni de haïr; ils reçoivent d'en haut les paroles qu'ils doivent dire, leurs sentiments, leurs pensées. Ceux qui les lancent contre nous, sont les mêmes qui en ce moment organisent contre eux la plus cruelle inquisition [1]. Qu'ils soient de plus en plus isolés et malheureux, on exploitera d'autant mieux leur inquiète activité; qu'ils n'aient ni foyer, ni famille, ni patrie, ni cœur, s'il se peut; pour servir un système mort, il faut des morts,

[1] Il résulte des détails que donne un journal sur les dernières retraites ecclésiastiques, que la plupart des évêques imposent à leurs prêtres la règle jésuitique qu'on appelle *manifestation de conscience*, laquelle les oblige *à se confesser au confesseur délégué par l'évêque*, et *à se dénoncer les uns les autres*. L'obligation est étendue aux femmes que les fautes des prêtres ont compromises. Voir le *Bien social, journal du clergé secondaire* (nov. 1844) ; ce journal catholique, au bout d'un an d'existence, a déjà l'adhésion de trois mille prêtres. — V. aussi un excellent article du *Réveil de l'Ain* (17 nov. 1844), et les courageuses lettres de M. l'abbé Thions dans le *Bien public* de Mâcon. Pour parler encore, quand on a une telle montagne sur la poitrine, il faut avoir un cœur héroïque. — Nommons avec respect deux saints, les Alignols. Mais que vont-ils faire, hélas ! sur cette route de Rome ? Que croient-ils trouver dans ce sépulcre vide ?

des morts errants, agités, sans sépulcre et sans repos.

Avec les mots d'unité et d'Église universelle, on leur a fait quitter les voies de l'Église de France. Ils jouissent maintenant des fruits de ce changement ! Ils savent ce que c'est que Rome, et ce que c'est qu'un évêque jésuite... L'universalité d'esprit (qui est la seule vraie), si Rome l'a jamais eue, elle l'a perdue depuis longtemps ; elle se retrouve quelque part, aux temps modernes, et c'est dans la France. Depuis deux siècles, moralement, on peut dire que la France est pape. L'autorité est ici, sous une forme ou sous une autre. Ici, par Louis XIV, par Montesquieu, Voltaire et Rousseau, par la Constituante, le Code et Napoléon, l'Europe a toujours son centre ; tout autre peuple est excentrique.

Le monde va, vole en avant, loin, bien loin du moyen âge. La plupart l'ont oublié ; moi, je ne l'oublierai jamais. L'indigne parade que tel en fait sous mes yeux, ne changera pas mon cœur pour ces temps sombres et douloureux, avec lesquels j'ai fait amitié si longtemps, et si longtemps souffert[1]. Les sympathies que je garde à ce passé

[1] Dès lors, en 1833, je formais le vœu et j'exprimais l'espoir d'une

dont j'ai réchauffé la cendre, m'empêchent d'être indifférent à ses représentants les plus infidèles. Je ne hais point, seulement je compare, et je suis triste. Je ne puis passer au parvis que je ne dise à Notre-Dame, comme disait cet ancien : « *O miseram domum, quàm dispari dominaris domino!* » Hélas! pauvre maison, te voilà bien changée de maîtres!

Jamais l'humiliation de l'Église, ni les souffrances du prêtre, ne m'ont trouvé insensible. Je les ai toutes présentes dans l'imagination et dans le cœur. J'ai suivi cet homme infortuné dans la carrière de privations, dans la vie misérable où le traîne une autorité hypocrite. Et dans son isolement, à ce foyer triste et froid où parfois il pleure le soir, qu'il sache bien qu'un homme a pleuré souvent avec lui, et que cet homme, c'est moi.

Qui n'aurait pitié de cette victime de la contradiction sociale? Les lois lui disent des choses contraires, comme pour se jouer de lui. Elles veulent et ne veulent pas qu'il obéisse à

transformation du principe du moyen âge : « *Il se transformera pour vivre encore.* » Histoire de France, dernière page du t. II. Voir aussi mon Introduction à l'Histoire Universelle, 1831.

la nature. La loi canonique dit : Non, — et la loi civile, dit : Oui. S'il prend celle-ci au sérieux, l'homme de la loi civile, le juge, dont il attend protection, agit en prêtre, le saisit par la robe, et le remet dégradé au joug de la loi canonique... Accordez-vous donc, ô lois, et que nous puissions trouver l'autorité quelque part. Si celle-ci est une loi, et que l'autre qui est opposée soit également une loi, que fera celui qui les croit sacrées toutes deux[1]?...

Oh ! que je me sens un cœur immense pour tous ces infortunés ! Que de vœux j'ai faits pour qu'ils sortent d'un état qui donne un si dur démenti à la nature, au progrès du monde !... Que ne puis-je de mes mains relever, rallumer le foyer du pauvre prêtre, lui rendre le pre-

[1] Le clergé, très-catholique, de plusieurs parties du midi de l'Allemagne, a formellement exprimé le vœu que ce désaccord cessât, que l'Église s'associât au progrès du temps qui fait du mariage le véritable état moderne, comme le célibat fut (au moins idéalement) celui du moyen âge. — La situation du prêtre, seul et non seul, libre et non libre, au milieu d'un monde en désaccord avec lui, fait penser à celle d'un condamné au régime cellulaire qui porterait partout sa cellule. Rien de plus propre à rendre fol (Cf. les beaux articles de Léon Faucher). Tout le monde a lu l'histoire récente de cet abbé bénédictin (s'il m'en souvient, du Tyrol), qui, ne voulant pas violer ses vœux, et ne pouvant obtenir d'en être relevé, s'est percé le cœur.

mier droit de l'homme, le replacer dans la vérité et la vie, lui dire : « Viens t'asseoir avec nous, sors de cette ombre mortelle ; prends ta place, ô frère, au soleil de Dieu ! »

Deux hommes ont toujours profondément touché mon cœur, deux solitaires, deux moines, le soldat et le prêtre. J'ai vu souvent en pensée, et toujours avec tristesse, ces deux grandes armées stériles, à qui la nourriture intellectuelle est refusée ou mesurée d'une main si avare. Ceux dont on sèvre le cœur, auraient besoin d'être soutenus du pain vivifiant de l'esprit.

Quels seront, dans ces choses si graves, les améliorations et les remèdes ? Nous n'essaierons pas ici de le dire. Les moyens, les ménagements, le temps les trouve, ou il sait s'en passer.

Ce qu'on peut augurer, c'est qu'un jour, ces noms *prêtre, soldat,* indiqueront moins deux conditions que deux âges. Le mot *prêtre*, à l'origine, voulait dire *vieillard ;* un jeune prêtre est un non-sens.

Le soldat, c'est le jeune homme, qui, après l'école d'enfance, après l'école du métier, vient s'éprouver à la grande école nationale de l'armée, s'y fortifier, avant de prendre l'assiette fixe du mariage et de la famille. La vie militaire, quand l'État en fera ce qu'elle doit être, sera la dernière éducation, mêlée d'études, de voyages, de périls, dont l'expérience doit profiter à la famille nouvelle que l'homme forme au retour.

Le prêtre, au contraire, dans sa plus haute idée, devrait être un vieillard, comme il le fut d'abord, ou tout au moins un homme mûr, qui eût traversé la vie, qui connût la famille, et qui de là aurait pris le sens de la grande famille. Siégeant parmi les vieillards, comme les Anciens d'Israël, il communiquerait aux jeunes le trésor de l'expérience; il serait l'homme de tous, l'homme qui appartient au pauvre, l'arbitre conciliant qui empêche les procès, le médecin hygiénique qui prévient les maux. Pour tout cela, il ne faut pas un jeune homme orageux et inquiet. Il faut un homme qui ait vu beaucoup, beaucoup appris, beaucoup souffert, et qui ait trouvé à la longue dans son propre cœur les douces paroles qui nous acheminent au monde à venir.

# TABLE

## PRÉFACE.

## PREMIÈRE PARTIE.

### DE LA DIRECTION AU DIX-SEPTIÈME SIÈCLE.

### CHAPITRE I.



### CHAPITRE II.



### CHAPITRE III.



### CHAPITRE IV.

## CHAPITRE V.



## CHAPITRE VI.



## CHAPITRE VII.

## CHAPITRE VIII.



## CHAPITRE IX.



## CHAPITRE X.



## CHAPITRE XI.

## SECONDE PARTIE.

### DE LA DIRECTION EN GÉNÉRAL ET SPÉCIALEMENT AU DIX-NEUVIÈME SIÈCLE.

### CHAPITRE I.



### CHAPITRE II.

## CHAPITRE III.



## CHAPITRE IV.



## CHAPITRE V.

## CHAPITRE VI.



## CHAPITRE VII.



# TROISIÈME PARTIE.

### DE LA FAMILLE.

## CHAPITRE I.

## CHAPITRE II.



## CHAPITRE III.



## CHAPITRE IV.

UN MOT AUX PRÊTRES.



FIN.

www.ingramcontent.com/pod-product-compliance
Lightning Source LLC
LaVergne TN
LVHW020536230826
846091LV00002B/290

* 9 7 8 2 0 1 9 1 3 9 9 4 0 *